Eddy RAATS

La fenestro

Eddy Raats

La fenestro

Monda Asembleo Socia (MAS)

Eddy Raats: La fenestro

Embres-et-Castelmaure
Monda Asembleo Socia (MAS)
2-a, korektita eldono
2023

ISBN 978-2-36960-282-8

(epub: 978-2-36960-283-5)

(= MAS-libro n-ro 296)

Ni dankas pro la afabla kunlaboro kaj helpo al

la artistino Evelyn Desmet (www.desmetarts.com),

Rani De heusch,

Lode Van de Velde,

Yves Nevelsteen,

Petro Desmet kaj

Vilhelmo Lutermano

Eddy mortis antaŭ ol li povis fini ĉi tiun libron. Specialan dankon al ĉiuj, kiuj helpis realigi ĉi tiun eldonon.

Ĝi estis lia lasta deziro, ĝi donas al ni pacon kaj trankvilon scii, ke ni povis atingi ĉi tion.

Jeannine kaj la infanoj

Enhavotabelo

Antaŭparolo

Malrapideme kaj pene mi malfermas la okulojn. Strange, mi vidas moviĝantan akvon. Iom poste la akvo malaperas kaj mi rimarkas injektilon en mia dekstra brako. Jes, nun mi memoras, mi kuŝas en lito de la malsanulejo Sankta Vincento en la centro deMia lito staras nun en granda salono. Pluraj homoj preterpaŝas tien kaj reen, ili ĉiuj surhavas verdan surtuton, samkoloran ĉapeleton kaj buŝomaskon; ili eĉ ne rigardas min.

Flegisto enpuŝas liton kaj parkas ĝin proksime de mi. Mi kaptas la okazon kaj demandas lin kie mi troviĝas. La sinjoro esplore rigardas min, "Ha, vi jam vekiĝis. Nu, vi estas en la atendejo, aŭ antaŭloko de ĥirurga operacio, aŭ, kiel vi, por atendi la transporton en la ĉambron". Sen pliaj detaloj li eniras apudan ĉambron. Mi fermas la okulojn kaj tuj ekdormas. Mi vekiĝas nur kiam iu puŝas la liton tra la koridoro. La lifto haltas nur je la sesa, do la plej alta etaĝo.

La lerta "ŝoforinto" pilotas senhezite la liton en ĉambron 601, metas la liton en la bonan lokon kaj nedirante vorton malaperas. Dankon … Mi forpuŝas la dormemon, esplore ĉikaŭrigardas kaj notas: sterilajn blankajn murojn, kelkajn ŝrankojn, enirejon al la banĉambro, brakseĝon kaj kelkajn faldeblajn seĝojn kiuj pendas sur hoko. Super la ekstera pordo pendas krucifikso. Hm, hm, … jes, la malsanulejo estas parto de ĉeno, kiu estas la posedaĵo de la antverpenaj rom-katolikaj flegistoj-monaĥinoj.

Fine, iom pene, mi turnas la rigardon maldekstren. Tra grandega fenestro mi vidas la tegmentojn, almenaŭ de la duono de la urbo Antverpeno. Kelkajn konstruaĵojn mi tuj rekonas: la katedralon kun ĝia 123 metrojn alta turo, la kamparanan turon[1] kaj la polico-turon, jes ja iom maldekstre videblas la tureto de la romkatolika preĝejo de Sankta Andreo ktp. Iu tureto mankas al mi en la bildo: oni ĝin, kaj la tutan konstruaĵon, malkonstruis. Tiu tureto ornamis dum multaj jaroj la konstruaĵon de mia laborejo. Amaso da detaloj vekas miajn nostalgiajn sentojn. Eble morgaŭ, aŭ poste, la memoroj pli bone funkcios, la laceco dormigas min.

---

1   Boerentoren: La Boerentoren (pli lastatempe ankaŭ: KBC-turo) estas monumenta konstruaĵo en 1925-a stilo finita en 1931 en la centro de Antverpeno. Ĝi estis la unua nubskrapulo en Belgio, kaj tiutempe la plej alta turkonstruaĵo en Eŭropo.

Antverpeno

Mi ne loĝas en la urbo, tamen ĉiam laboris en ĝi. Mi havas varmajn sentojn por tiu ĉi urbo kaj bone konas ĝin. Mia idea ĉeno kondukas min al diversaj perloj, eĉ al tiuj kaŝitaj de tiu ĉi urbo. Per fermitaj okuloj senpene mi vidas la diversajn pentraĵojn en la katedralo, vidas la kalke blankajn muro-ŝtonojn de la *"Vlaaikensgang"* (*"Vlaekensgang"* laŭ la malnova ortografio – kio signifas "torta strateto") kun la belaj geranioj sur la fenestrobretoj. Mi konas la internon de la kastelo *"Het Steen"* (laŭvorte: "La Ŝtono"), konas la historion de la bildo super la enirejo de la kastelo, nome la Dio de fekundeco *Semini*, kies penison la pastra ordeno, la jezuitoj, indigne forigis ĉar maldeca … Ne eblas listigi kiom da mi kapablas vidi sen ke mi estas surloke.

La katedrala turo
Plumdesegnaĵo fare de la antverpena artisto Fernand Megens

Mi bone dormis danke al la sendolorigaj medikamentoj. Mi volas iom fermi la kurtenojn, sed forgesis ke la tuboj kaj tubetoj en la ventro kaj dekstra brako malebligas min ellitiĝi. Mi intencas venigi flegistinon. Tamen, kiam mi direktas la rigardon tra la fenestro, la matena silueto de la svelta gotika turo de la katedralo, bele reliefiĝas pro la matenaj sunradioj malantaŭe. La katedrala turo estas admirinde bela. La bildo memorigas min pri la vortoj de mia kolego kaj bona amiko John. Ni promene revenis de la kajo kaj en la mezo de la *"Suikerrui"* de kie oni vidas la katedralan turon en ĝia plena grandiozeco, John subite haltis kaj ekstaze murmuris "Kiom belega ŝi estas, nia Madono." Mi tuj kaptis la signifon de tiuj vortoj de mia sentema amiko.

Mi jam bone konas Antverpenon, kaj ekde iom da tempo mi estis ĉefa oficisto de la loka urba oficejo de nia kompanio. Antaŭ pluraj jaroj, la tuta entrepreno translokiĝis al la maldekstra flanko de la riverego. Mia oficejo troviĝis en la plej bela loko de nia urbo: la Granda Placo kun la historiaj konstruaĵoj, tute proksime de la katedralo. Por bone uzi la tagmezan ripozo-tempon, mi aĉetis abonon por viziti la diversajn muzeojn.

La fiero de Antverpeno estas unuavice la Sankt-Virgulina katedralo, la plej granda gotika romkatolika preĝejo de la Nederlandoj[2]. Post ĉirkaŭ 170 jaroj la konstruado finiĝis en la jaro 1521. La norda turo (123 metroj) estas "ŝtona punkto" okulfrape videbla el ĉiuj direktoj. La interno invitas frandi la diversajn trezorojn. Hodiaŭ, parte baroko kaj parte novgotiko estas la ĉefaj stiloj. Kvar pentraĵoj de la mondfama pentristo *P.P. Rubens* admireblas, interalie: la "krucostarigo" kaj la "dekrucigo de Kristo". Ili ja estas valoregaj mondaj heredaĵoj. Krom tio, la meblaro kaj la vitraloj estas vidindaj artaĵoj, ili certe meritas atenton.

---

2   En la 16-a jarcento, "la Nederlandoj" formis la areon, kiu nun inkluzivas Belgion, Nederlandon kaj kelkajn apudajn areojn, situantajn ĉirkaŭ la riveroj de Nordokcidenta Eŭropo.

Vlaaikensgang

Rimarku, ke tute proksime de la urbodomo kaj la katedralo troviĝas la malnova strateto *"Vlaaikensgang"*. Tiu ĉi mallarĝa strateto datas de 1591 kaj estas oaza ripozejo kaj lulilo de silento en la ĉiam, eĉ dumnokte, bruega urbocentro. Oftege, tagmeze aŭ post la laboro, mi iras en tiun ĉi kvietegan lokon por malstreĉiĝi aŭ simple ripozi kaj trankviliĝi. Multaj spuroj de la pasinteco forviŝiĝis, ĉar tiuspecaj idiliaj stratetoj estas apenaŭ iom pli larĝaj ol pordo. Ĉi tie troviĝis la domaĉoj de la plej malriĉa parto de la loĝantaro: malriĉaj familioj kun multaj infanoj kaj/aŭ la kaŝejo de la skorio de tiu ĉi riĉa urbo.

Dum la someraj kariljonaj koncertoj, la *"Vlaaikensgang"* estas la ideala loko por frandi la sonojn de la kariljonaj koncertoj kiuj fluas el la turo de la Katedralo. Proksime de la turo, ĉiam dum la kariljonaj koncertoj, okazas popolfestoj. Dum la koncertoj, strataj muzikistoj senĝene ludas la propran muzikon kaj dancigas la homojn, dum akrobatoj per vivdanĝeraj trukoj klopodas por akiri la atenton de la ĉeestantoj. Vi certe jam komprenis, ke mi preferas la silenton de la *"Vlaaikensgang"*.

Agrabla ripozejo estas ankaŭ la terasoj ĉe la bordo de la riverego *Skeldo (Schelde)* tuj apud la kastelo *"La Ŝtono"*. Laŭ la legendo, ĉi tie vivis la fama giganto Antigono kaj la kuraĝa junulo Brabo. Alia konata legendo estas tiu de la *Longa Flirtulo (Lange Wapper)*. Li estis speco de fantomo, kiu rapidege kapablis altege kreski, aŭ malkreski ĝis alto de museto. Li ĉefe aĉe ĝenis la ebriulojn, kiuj nokte ebrie kaj stumblante hejmen direktiĝas. Mi pensas, ke unu el la edzinoj de la ebriuloj inventis la figuron por timigi la edzon por ke li hejmen revenu tuj post la laboro. La alian legendon, tiun de Brabo, mi ne volas reteni, do jen:

Brabo kaj la giganto Antigono

Li vivis en kastelo ĉe la kurbo de la riverego Skeldo. Li havis bonan supervidon sur la diversaj ŝipoj, kiuj tien kaj reen veturis. Sen escepto li postulis troigitajn monsumojn de la ŝipistoj por la preterpaso. De la ŝipistoj, kiuj rifuzis pagi, li simple per glavo fortranĉis la dekstran manon kaj ĵetis ĝin en la riveregon. Sportema kaj forta junulo, Brabo, kies patro plendis pri la multekosta preterpaso, planis venĝon. Iun tagon li, boate, anstataŭis sian paĉjon kaj rifuzis pagi la postulatan sumon. Terura batalo sekvis inter la junulo Brabo kaj la giganto Antigono. Post longega batalo, fine Brabo venkis. Li forhakis la dekstran manon de la giganto kaj ĵetis ĝin en la fluantan akvon de la riverego. Tiel naskiĝis la nomo de la urbo Antverpeno: Antwerpen. "Hand" (mano) + werpen (ĵeti) fariĝis Ant-werpen". La pruvo? En la mezo de la Antverpena Granda Placo paradas belega fontanostatuo pri la venko de Brabo kontraŭ la giganto Antigono.

Du tagojn poste – nun mi scias, kiom longe daŭras 48 horoj – la ĥirurgo denove envenas kun larĝega rideto. "Mi prave taksis la aĉulon, ĝi ja formanĝis ĉiujn viajn fortojn kaj energion, sed ni sukcesis tute forigi ĝin. La laboratorio konfirmas, ke ĝi ne estas agresema, do nia nura tasko nun estas redoni al vi fortojn kaj energion. Vi ne bezonas aliajn postajn flegadojn, nek ĥemioterapion." Kiam la afablulo forestas, mia cerbo rapide konstatas, ke mi denove havas la rajton revi pri estonteco. Mi profunde elspiras pro dankemo. Mi denove povas plani, organizi, vivi! Bedaŭrinde resaniĝo ne estas tiel facila pro diversaj komplikaĵoj.

La postan tagon mi pli bone rigardas la panoramon, kiu sin montras tra la ĉambra fenestro. La konstruaĵo malantaŭ la katedralo, kiu unuavice havas mian atenton, estas la Kamparana Turo ("*Boerentoren*"). Jes, mia unua laborejo estis en la sepa etaĝo de tiu turo. Tuj la pasinteco revenas tute klare en mian memoron. Vi ne kapablas imagi, kiom multe da bildoj revenas nur per la vido de la turoj.

La Kamparana Turo

La urbo Antverpeno troviĝas ĉe la bordoj de la riverego Skeldo. Tiu elteriĝas en Francujo, trafluas grandan parton de Belgujo, poste la antverpenan marhavenon, kaj poste nur kelkajn kilometrojn tra Nederlando, kie ĝi fluas en la Nordan Maron.

La inundo en Februaro 1953, konata kiel inunda katastrofo aŭ februara katastrofo, okazis en la nokto de la 31-a de Januaro al la 1-a de Februaro. Ŝtorma ondado, kune kun altega tajdo kaj ventego okazigis la inundegon. Ĉefe Nederlando estis grave trafita kun 1836 viktimoj, sekvis 307 en Anglujo, 133 por pramŝipo kiu pereis kaj fine 28 en Belgujo. Pli malfrue mia praavo informis min, ke de la nederlanda flanko de la familio, dek tri homoj pereis.

Kiam mi matene biciklis al la laborejo, mi apenaŭ kredis la proprajn okulojn: ne eblis atingi la Kamparanan turon: la aĉa brunflava akvo staris pli ol metron alte en la stratoj de la plej malaltaj partoj de la urbo. La direkto de la akvofluo signifis, ke la akvo refluis en la riveregon. Post iom da tempo eblis piede ŝlimplaŭdi ĝis la laborejo. La lifto ne funkciis, tio tamen ne estis obstaklo por miaj junaj kruroj. Komprenble mi postlasis malagrablan spuron. La enirpordo de la oficejo estis fermita kaj sen ŝlosilo ne eblis eniri. Stultulo! – mi estus devinta antaŭvidi tion. Mi min instalis sur ŝtupo kaj atendis. La silento en la ŝtuparejo havis ion makabran: nenio aŭdiĝis.

Ĉirkaŭ tagmezo mi vekiĝis. Diable, mi tute ne planis dormi! Mi pintigis la orelojn: daŭre nenia vivsigno aŭdeblis. Mi ne havis elekton kaj malsupreniris. Tuj mi devis rehasti hejmen, sed mi ne konis la horojn de la tajdoj! Imagu, ke la akvo revenus en la stratojn: mi ne plu povus forlasi la lokon kaj mi ankaŭ ne intencis resti denove tiom longe ĉi tie. Mi retrovis mian fidelan biciklon, tie kie mi postlasis ĝin.

Ĉe najbaro, kie ni rajtis uzi la telefonon, mi trovis en la telefona librego la adreson kaj telefonnumeron de la administranto, kiu respondecis interalie pri personaraj aferoj. Post la priskribo de miaj kotospertoj, sekvis ĝena silento kaj subite sekvis tondra ridego: "Ĉu vere vi riskis akcidenton por iri laborejen? Kaj vi miras, ke vi vidis neniun? Kara, tio estas la plej bona spritaĵo de la jaro! Nu bone, mi notas, kie mi povos atingi vin. Ne reiru ĝis kiam mi diros al vi. Ĝis la!"

Pro eraro aŭ nescio, la administranto, anstataŭ ol maldungi min, faris por mi atestilon: 18 senpagaj ferimonatoj. Tuj post la 18 aĉaj monatoj, mi reprenis mian taskon en la reklam-agentejo. Ses monatojn poste, la *Suez*-konflikto eksplodis. Por pluraj entreprenoj estis katastrofo, ankaŭ por nia kompanio: pluraj grandaj klientoj nuligis siajn reklam-kampanjojn: *General Motors Company*, *Caltex* ktp. Tio signifis perdon de grandega sumo. La direktoro, pro ordono de la estraro en Usono maldungis tiujn homojn, kiuj havis nur provizoran laborkontrakton. Ĉar mi havis pli ol kvin jarojn da servo, ili devis pagi al mi ses monatojn da salajro. Tio la unuajn horojn tuŝis min kiel ŝtono, fariĝis grandega donaco por mi, ĉar nur du semajnojn poste, mi akiris novan postenon ĉe la reklamosekcio de *"Gazet van Antwerpen"* ("La gazeto de Antverpeno"), la plej grava ĵurnalo de Antverpeno kun kvarone pli alta salajro. Iom poste mi akiris la mezlernejan diplomon. Tio ebligis al mi, post la someraj ferioj, ekstudi en la vespera lernejo pri reklamo, por tie akiri altan diplomon.

Mi tute ne fieris pri la mizera situacio de nia familio. Nia Paĉjo, la paĉjo de la unuaj kvin infanoj, forpasis kiam li apenaŭ fariĝis 34-jara. Panjo denove edziniĝis kun Andreo, profesia soldato sen ia grado. La salajro de simpla soldato estis mokridinda. Denove panjo naskis du infanojn. Do la gefrataro nun konsistis el sep manĝemuloj. La mizera salajro de Andreo, kiun li cetere regule fordrinkis kaj elspezis en la prostitucia kvartalo de la urbo, kondukis nin al senfunda abismo. Ni, la pli aĝaj infanoj, decidis ŝerci laboron. Jozefo, preskaŭ 17-jara, trovis postenon ĉe lifto-kompanio. Mi, 15-jarulo, danke al mia bonega kono de la franca lingvo, akiris postenon kiel plej juna oficisto en reklam-kompanio. Jaron poste nia fratino Kornelia, apenaŭ 14-jara, trovis postenon kiel domservistino ĉe diamantista familio.

Por ni tri ekis malfacila periodo. Jam fine de la unua semajno Kornelia subite forkuris. Unue la patro proponis seksumi, ŝi decideme rifuzis lian proponon, same kiel la belan sumon kiun li pretis pagi. Iom poste la 18-jara filo klopodis perforti ŝin; tamen li ne sciis ke mi instruis al ŝi kelkajn utilajn ĵudo-lertaĵojn. Ŝi faligis lin inter kelkaj seĝoj kaj ŝi tuj forkuris. Feliĉe ŝi rapide trovis alian taŭgan laboron. Mi decideme iris viziti la diamantiston.

"Sinjoro, mia fratino ne revenos pro via malica konduto kaj la perforta klopodo de via filo, sed ŝi tamen laboris semajnon kaj postulas la salajron por tiu semajno."

Li rigardis min kaj rikane reagis.

"Stultulo, ŝi rompis la dekstran brakon de mia filo. Se vi ne tuj foriras, mi venigas la policistojn"

"Tio estas bonega ideo, mi samtempe povos akuzi vin kaj vian filon pro via propono kaj perforta klopodo de infano malpli ol 18-jara."

Tute klare, li ne antaŭvidis mian reagon: rapide lia tono ŝanĝiĝis.

"Nu, nu bone, sed promesu ne iri al la policejo. Mi mem pagos la medicinajn elspezojn por mia filo."

Subite li prenis kelkajn monbiletojn el la monujo kaj donis ilin.

"Se tamen vi kuraĝos plendi ĉe la policanoj, mi ĵuras ke mi trovos vin."

Mi rapide kontrolis la sumon, akceptis kaj foriris. Denove mi kontrolis la sumon. Aĥ, aĥ, kia bona afero! Tiu vizito estis fruktodona, ĉar tiu ĉi sumo egalis al tri monatoj da salajro. Kornelia dankeme donis al mi grandan kison sur la frunton.

Ni rapide malkovris, ke per niaj limigitaj konoj kaj sen ia diplomo, ni restus por ĉiam en la plej malaltaj ŝtupoj de salajro kaj de la socio. Ni decidis sekvi vesperajn kaj semajnfinajn kursojn. Jozefo fine akiris diplomon de elektristo, Kornelia diplomon de familia helpistino. Kiel lernanto mi pasigis 11 jarojn ĉe vesperaj kaj semajnfinaj lernejoj kaj partoprenis dekojn da ekzamenoj. Mi unue akiris la diplomon de la malalta nivelo kaj poste de la alta nivelo de la mezlernejo. Fine mi akiris la altan diplomon de publicisto[3].

---

3   Pli detale en: Eddy Raats: La longa vojaĝo. Travivaĵoj de etulo. Dua eldono, Embres-et-Castelmaure, Monda Asembleo Socia (MAS),

Samtempe post la akiro de la muzikteoria diplomo, mi daŭre sekvis violono-lecionojn. Dum mia unua publika koncerto, mi konis la muzikon tiel bone, ke mi eĉ ne bezonis partituron. La instruisto tamen konsilis meti la partituron sur pupitron antaŭ mi, en kazo ke … Dum mi ludis, la nervoj vidigis al mi nur malplenan, blankan paĝon, ĉirkaŭatan de kadro el homaj kapoj!

La lasta noto, kiu devus daŭri kvar mezuro-tempojn, ŝanĝiĝis en nenombreblaj ege mallongaj notoj pro la vibrado de mia arĉo. Rapide mi metis la violonon en la keston kaj malaperis tra la malantaŭa pordo de la salono. Ĉiam antaŭ koncerto mi havis tiun nervan atakon, sed feliĉe post la unua noto ĝi forvaporiĝis.

2012, 99 paĝoj, ISBN 978-2-918300-76-2,
kaj Eddy Raats: Post la pluvo – pluvego. Travivaĵoj de junulo. Embres-et-Castelmaure, Monda Asembleo Socia (MAS), 2010, 120 paĝoj, ISBN 978-2-918300-34-2.

J. Walter Th. Kompanio

Ĉar la unua de Majo estas oficiala festotago kaj do libera tago, mia unua labortago fariĝis la dua de Majo. Tiu estis la komenco de longega kariero, kiu atingis 49 jarojn. La oficejo troviĝis en la 7-a etaĝo de la Kamparana Turo. La entrepreno *J. Walter Th. Company* estis mondkonata reklamagentejo, kies ĉefa oficejo troviĝis en Novjorko. Mi falis en strangan kaj fremdan mondon. Imagu la virinojn: ili ĉiutage surhavis aliajn vestojn. Unu eĉ tagmeze koketis kun alia surtuto ol matene. Deviga kravato, ĉemizo kaj kostumo estis partoj de mia laborvestaĵo, sed ankaŭ kitelo. Eĉ la ŝuoj nepre devis esti puraj, tio ne estis evidenta por iu, kiu ekstere nur moviĝis bicikle. Krome mi posedis nur du ĉemizojn, do nepre mi surmetis la saman dum la tuta semajno. Miaj unuaj taskoj, kiel plej juna oficisto, estis facilaj: paki pres-materialon por sendi aŭ alporti al la ĵurnalvendejoj, facilaj administraj taskoj kaj aĉeti materialon por la desegnistoj. Mi certe ne forgesu mencii: aĉeti cigaredojn por la direktoro kaj la administranto. La lasta, sen escepto, fumis kvazaŭ fabriko-kameno: 60 cigaredojn tage. Rapide mi konstatis rivalecon inter la diversaj gradoj de la oficistoj. Tute klare, bona moralo ne havis la prioritaton. Maŭrico, familia patro kaj ĉefo de mia sekcio, havis amrilaton kun la virino kiu tiom demonstre koketis. Dum la tagmeza paŭzo Luko, alia familia patro kaj filo de la administranto, senĝene umis kun tajpistino dum ŝi sidis sur liaj genuoj, ktp.

Vera amiko, iom pli aĝa ol mi, estis Joĉjo. Li multe helpis min dum la unuaj monatoj. La unuan fojon, ke mi fariĝis ebria, mi estis kune kun Joĉjo. Nu ja, ni ambaŭ trinkis – aŭ ĉu mi diru "drinkis"? Ni sidis vid-al-vide ĉe tablo dum la novjara akcepto por la personaro de la entrepreno. Li trinkis *Martini* kaj mi portvinon. Ni tute ne nombris la bone plenigitajn glasojn. Kiam mi tamen en la freŝan aeron de la koridoro venis por iri necesejen, mi vidis strangajn duoblajn bildojn. Pene mi trovis la urinejon kaj poste, mi ne plu scias …

Ĝis kiam iu vekis min dum mi surplanke dormis kun la kapo sub breto de la ŝranko en la kuirejo. Tra la nebulo mi tamen rimarkis grandan problemon alproksimiĝi; mi kaj la familio havis rendevuon kun profesia fotisto por reklamo pri konata sapo-marko.

Feliĉe la fotisto trovis min ĉe la elirejo. Aŭtomobile ni veturis al nia domo. Li ordonis al Joĉjo kaj Kornelia bone subteni min en la dorso. Tiel li sukcesis tamen fari akcepteblan foton.

Fine de Majo, mi ricevis mian unuan salajron. Fiera kiel pavo, eĉ ne malferminte la koverton, mi donis ĝin al panjo. Imagu: mi gajnis 1750 belgajn frankojn[4]! André kiel 40-jarulo gajnis apenaŭ iom pli. Panjo donis al mi la bileton de mil frankoj.

"Iru tuj al la butiko pagi la ŝuldojn. Morgaŭ mi povos pagi la bakiston kaj post kelkaj monatoj mi kapablos monate doni al vi 20 frankojn da poŝmono."

Mi pagis 995 belgajn frankojn por forviŝi la ŝuldojn ĉe la spicisto.

---

4   La belga valuto antaŭ ol oni enkondukis la eŭron.

Elza

Mia frato Jozefo esperis akiri la atenton de bela kaj forta junulino kun bela, rufa hararo. Li, kiel cetere ankaŭ mi, estis sen spertoj. Ŝi nomiĝis Elza. Ŝi havis tri fratinojn, kiuj ĉiuj samaspektis, do ankaŭ belulinoj, sed la fratinoj estis tro junaj por kapti nian atenton. Mi ne volis subfosi la aspirojn de mia frato, sed ŝajnis ke ŝi apenaŭ rimarkis la ekziston de Jozefo; male, ŝi serĉis kontakton kun mi. Ankaŭ ŝi laboris en la centro de Antverpeno. Ĉu koincido? Ni ambaŭ, tagmeze, havis du horojn da libera tempo. Mi ne scias, kie mi trovis la kuraĝon peti al ŝi rendevuon. Nia unua rendevuo fariĝis la teraso de trinkejo. Ĉar la kutimoj devigis virojn pagi la konton, mi tuj serĉis alian rendevulokon, ĉar mi ne havis monon.

"Jes, bone por unu fojo, sed espereble tiuj rendevuoj pli ofte okazu, sed tiam regule en trinkejoj."

Nu, miaj etaj rimedoj ne permesis tion; cetere mi ne intencis konfesi miajn mizerajn financojn. Al Elza mi proponis, por la dua renkontiĝo, veni en la balkonon de la deka etaĝo de la Kamparana Turo. Mi atendis ŝin ĉe la enirejo. Mi mem laboris en la reklama oficejo en la sepa etaĝo. Estis tute normale, ke mi en- kaj el-iris la konstruaĵon, ankaŭ kun gasto.

Rapida lifto alportis nin al la deka etaĝo. En tiu ĉi etaĝo, jam de pluraj semajnoj ne plu loĝis luanto. La deka nivelo havis grandegan terason. Mi esploris la terenon kaj neniu pordo estis ŝlosita. Nu, tiun tagmezon mi interŝanĝis mian unuan amokison. Tamen mi konstatis, ke la teneraj kisetoj rapide evoluis en pasiajn brakumojn kaj kisojn. Mi ne plu sciis kion fari, kun ŝiaj voluptaj mamoj en miaj manoj, sento kiun antaŭe mi neniam spertis. Mi staris en la mezo de vojkruĉiĝo kaj ne sciis kiun direkton iri. Ambaŭ forgesis la tempon kaj tiam mi fine decidis pli profunde esplori la ĝardenon de Edeno – por mi nekonata intimo. Hazarde mi rimarkis, ke mia horloĝo indikas kvin antaŭ la 14-a horo. Inter du pasiaj kisoj mi informis ŝin pri la tempomanko. Neniam mi vidis iun tiel rapide reagi. Rapide ŝi reordigis siajn vestojn, prenis mian manon kaj kuris en la direkton de la lifto. En la lifto ni interŝanĝis niajn lastajn kisojn kaj en la teretaĝo ŝi forkuris sen malantaŭen rigardi. Ni eĉ forgesis fiksi novan rendevuon.

Mi ankoraŭ havis multege da laboro tiun tagon. Pene mi sukcesis koncentriĝi. Malgraŭ la klopodoj pli bone fiksi mian atenton al la laboro, mi sentis kaj denove sentis la varmajn premojn de la tentaj linioj de *Elza*. Mirigite mi konstatis ke miaj manoj per si mem malfermiĝis en la bona mezuro de ŝiaj dolĉaj mamoj. Nur la scio, ke mi ne povis riski eraron, iom helpis por denove koncentriĝi, certe la kliento nek la direktoro akceptus erarojn. Kaj certe ne eblus klarigi la kaŭzon.

La postan tagon *Elza* kontaktis min telefone. Ŝia propono estis promesplena. Ŝia direktoro forestos la venontan semajnon, kaj ni povos renkontiĝi en ŝia oficejo. La alia oficistino ferios, do la tuta domo fariĝos la ideala ĉastereno.

Malgraŭ la unika loko kaj okazaĵo kaj la bona volo de la naturo, mi terure fiaskis kaj forlasis la lokon kun la kapo inter la genuoj kvazaŭ balono kiu malŝveliĝis. La ideo, ke ŝi povus gravediĝi, estis mia granda bremso. Imagu, mi estis apenaŭ 18 kaj ŝi 19. Mia malgranda salajro certe ne sufiĉis por vivteni nin, cetere mi baldaŭ devis militservi dum 18 monatoj, kaj preskaŭ certe, plurajn monatojn militservos eksterlande.

Mi plurfoje klopodis por kontakti ŝin, sed tute klare ŝi evitis min. Bedaŭrinde, ĉar mi intencis klarigi, kio okazis. Mi proponus regule renkontiĝi ĝis kiam ni havos oportunajn cirkonstancojn kaj tiel pli da ŝanco sukcesi en la geedza vivo. Mi eĉ iris al la gepatra domo kaj petis interparoladon kun ŝi, tamen eĉ vidi min ŝi rifuzis. Ŝi, aŭ la amikinoj, diskonigis ke mi certe estas samseksemulo … Kion ŝi volis? Ke mi senkonscience ŝprucu la spermon en ŝian vaginon?[5] Kaj kion pri la eblaj sekvoj?

---

5   La leganto povas demandi sin, kial la junulo ne simple uzis kondomon. Sed en la tiam tre katolika Flandrujo la uzo de kontraŭkoncipiloj estis absolute malpermesata. Do ne temis pri nescio, ke ili ekzistas. Tamen oni ne povis laŭleĝe akiri ilin. Kaj ja estis ankaŭ tiutempe konate, ke la tiel nomata *coitus interruptus* (la spermelĵeto ekster la vagino) – tiam ankaŭ malpermesata de la katolika eklezio – ne vere malebligas gravediĝon. -vl

Apenaŭ kredeble kiel la memoroj kapablas flugi de unu loko en la alian. Ene de nenia tempo ili saltis inter Aŭstralio kaj Brazilo, pli rapide ol la moderna elektroniko. Certe ĉi tie, la diversaj konstruaĵoj, stratoj, turoj kaj la riverego, ĉion mi tiom bone konas, preskaŭ ĉio en tiu ĉi mondo ŝprucigas memorojn. La aventuro kun Elza memkompreneble kondukis mian memoron rekte al mia militservo.

Militservo

En la sama jaro, la duan de Majo, mi estis devigita prezenti min en la kazerno en la malgranda vilaĝo Lombardsijde. La kazerno troviĝis ĉe la bordo de la Norda Maro. Multaj junuloj, kiel mi, alvenis en la sama loko. Grandulo, ŝajne serĝento, bonvenigis nin. Li severe avertis nin, ke "la antverpenaj rekrutoj nepre havu ekzemplan sintenon. La aliaj preskaŭ blinde sekvas viajn ekzemplojn, notu ke vi estos multe pli severa traktataj!" Nu, kia averto!!

Post du semajnoj, mi rajtis hejmeniri, por nur la semajnfino. Mi ricevis biletojn tien kaj reen por senpaga tramvagonara veturo al Antverpeno. Mi rimarkis ke mankis dato sur la biletoj. Do anstataŭ ol uzi la publikajn transportilojn, mi planis petveture vojaĝi al mia loĝejo. Tiel mi povis ŝpari la biletojn por la venonta "sorti" (forlaso de la kazerno por almenaŭ 24 horoj) ĉar la senpagajn biletojn ni ricevos nur unu fojon monate. Mia levita dikfingro [6] rapide sukcesis haltigi kamioneton. Ĉar ni, devige, ĉiam surhavis la armean uniformon ankaŭ ekster la kazerno, la ŝoforoj pli facile kunveturigis junajn soldatojn. La juna ŝoforo unue malmulte diris, tamen baldaŭ ni tuŝis konatajn nediskutindajn aferojn kiel: la vetero, la malbonaj statoj de la vojoj ktp. Sed tuj li ŝanĝis la temon kaj demandis al mi, kial mi ne rifuzis militservi.

"Nu, mi pensis pri tio, sed pro diversaj kialoj mi flankenmetis la ideon. Unue, la gravaj punoj: tri jaroj da malliberejo ne estas bagatelo kaj poste neniam plu eblos akiri oficialan ŝtatan postenon. La plej peza kialo: mia nutro-patro, kiu estas profesia soldato, ankaŭ povus havi malfacilaĵojn. Fine mi rezignis la ideon kaj kiel armea sekcio mi elektis sekcion sen armiloj: ambulanco-ŝoforo, helpokuiristo kaj orkestro-muzikisto kaj imagu: mi nun servis kiel lernanto de la malpeza aero-artilerio. Kaj jes, mi elektis la suboficiran lernejon nur por la pli bona soldo".

---

6   En Belgio oni indikas per la dikfingro de la dekstra mano, ke oni deziras kunveturadon.

La afabla ŝoforo kondukis min ĝis la antaŭpordo de mia hejmo. Kiel adiaŭo, li konfesis ke li rifuzis la militservon kaj ege suferis pro tiu decido.

Joséo

Dum mia unuaj semajnfinaj ferioj en Lombardsijde, la vendred-vesperon mi vizitis mian fidelan amikon Aŭgust, aŭ mallonge: Gust. Jam plurajn jarojn ni havis amikan rilaton. Ni kune ludis violonon kaj ni ambaŭ estis anoj de malgranda kompanio kiu nomiĝis "KTT – Kanta, tona, teatra asocio". Gust, kiel kutime, bonvenigis min kun sia kutima entuziasmo. "Ha! Worre". Li estis la nura konatulo kiu uzis tiun kromnomon, ĝi estis mallongigo de Edvardo.

"Envenu, kvankam mi ne havas tempon, kaj ne kutimas perdi tempon por amikoj en tiu ĉi periodo, ĉar la venontan semajnon atendas min malfacilaj ekzamenoj, tamen por vi mi faras escepton. Sidiĝu, ĉu bieron?"

"K"Kompreneble jes!"

Malofte mi rifuzis bieron kaj certe ne ĉe Gust, ĉar mi sciis, ke li ĉiam havis mian preferatan bieron. La gepatroj de Gust estis simplaj laboremaj kaj ege afablaj homoj. La paĉjo laboris ĉe kafo-magazeno en la haveno. Unu el liaj taskoj estis ĉiutage balai la magazenon. Li havis la permeson konservi la kafograjnojn, kiujn li trovis inter la polvo. Li bone purigis la grajnojn kaj vendis la ankoraŭ ne rostitan kafon. Ne temis pri granda kvanto, sed tamen la kafo iomete helpis por ekvilibrigi la familian buĝeton. En Belgujo, altaj studoj estis multekostaj kaj postulis grandajn oferojn, certe por malriĉuloj.

Gust studis ĉe la universitato de Gento (orienta Flandrujo); li deziris akiri la diplomon pri mikrobiologio, sed ankaŭ intencis doktoriĝi en tiu fako. Li insistis, ke mi unue rakontu miajn spertojn en la armea suboficira lernejo. Tie mi studis por fariĝi rezerva serĝento. Mi rakontis ne nur pri la sukcesa petveturado, sed ankaŭ pri la sukcesa spritaĵo de la sireno[7].

Li preskaŭ senfine ridegis.

"Bonege kaj amuze!", li fine sukcesis diri.

"Nu, Gust, kiel vi? Kiel la studoj kaj kion pri via bela amikino Jose?"

"Ne parolu pri ŝi, ŝi estas por mi granda, ĝena problemo. Vidu, mi ankoraŭ ne pretas por konstanta amrilato, krome miaj studoj almenaŭ daŭros ankoraŭ minimume ses jarojn. Jam kelkfoje mi intencis diri la veron, sed timas la reagojn kaj la virinajn larmojn."

Profunda suspiro sekvis. Iom malice mi rigardis mian amikon kaj ŝerce diris:

---

7   Pri tio vidu nur poste, sur paĝo 35.

"Nu, kara amiko, jen mia solvo; mi nun ne havas amikinon, permesu ke mi klarigu al ŝi viajn objetojn kaj, por eble konsoli ŝin mi proponos rendevuon en la dancejo."

"Kiam vi devas reiri en la kazernon?"

"Dimanĉvespere."

"Via ideo ne vere plaĉas al mi, sed tamen prezentas eskapovojon, fakte ne tre lojala solvo, sed mi opinias ke multajn elekteblecojn mi ne havas. Morgaŭ mi havas rendevuon kun ŝi en la bela kverk-aleo de la kastelo. Ŝi atendos min sur benko ĉirkaŭ la deka matene. Do iru, kaj sukceson."

"Nu, kara amiko, notu, se mi sukcesos dancigi ŝin kun mi morgaŭ vespere, vi ŝuldos al mi, por tiu sinofero, dek altkvalitajn bierojn."

Ne dirante vorton, li prezentis sian mankavon, kiun mi tuj manbatis.

Do la sabaton, je la deka horo, mi "hazarde" promenis al la kastela kverk-aleo. Jam ekde la komenco de la aleo mi vidis ŝin. Ni nin bone konis, kaj do senpene ŝi akceptis ke mi sidu apud ŝi. Konvinki ŝin per la argumentoj de Gust estis preskaŭ tro facile.

"Ekde iom da tempo mi sentis ke lia sinteno ŝanĝiĝis, sed mi ne konis la kialon, verdire mi timis ke temis pri alia virino, sed nun mi komprenas. Por esti honesta, mi ne deziras esti la amamikino de librovermo[8] . Mi volonte akceptas vian inviton pri la dancvespero.”

“Ne forgesu, Gust, vi ŝuldas al mi dek bierojn …” fariĝis la komenco de agrabla rilato. Ĉe la armea lernejo ĉiujn semajnojn, en vendredo, okazis ekzameno pri la temo de la pasinta semajno. La lernantoj, kiuj sukcesis, ricevis “sorti”-permeson. Tiel preskaŭ ĉiu-semajnfine mi hejmeniris. Rapide mi akceptis la inviton por koni ŝiajn familianojn kaj ankaŭ panjo konsentis kun mia elekto. Ne estas troigo, kiam mi diras, ke en la kazerno mi ricevis preskaŭ ĉiutage amleteron kun belaj desegnaĵoj.

Muziko-majstro!

El la oficira konstruaĵo mi aŭdis pianomuzikon. Mi tuj konstatis, ke la pianisto estis kapablulo. Mi ne rajtis eniri, sed la oficiro rimarkis, ke mi ŝtele aŭskultis ĉe la fenestro. Li invitis min enveni. La oficiro estis profesia militisto; lia grado estis kapitano. Post la enveno, laŭ la milita regularo, mi kunklakis la kalkanumojn kaj prezentis min.

“Bone, sed estis privata invito; faru kiel en via ĉambro. Mia nomo estas Maŭrico.”

---

8   Libromaniulo.

Mi tuj sentis varman kontakton. Mi rakontis ke mi volis venigi mian violonon, sed ne sciis kiel akiri la permeson. Li montris kelkajn muzikpartiturojn.

"Kion vi pensas? Ĉu vi kapablas ludi ĉi tiujn verkojn?"

Rapide mi trafoliumis la paperojn.

"Sinjoro?"

"Bonvolu: Maŭrico."

"Sendube kelkajn mi jam studis kaj la nivelon de la aliaj mi povos ekstudi."

"Bone, jen mia propono: mi zorgas por atestilo por via violono. Se vi povas tuj informi vian panjon, ke soldato venos por preni vian violonon, vi jam havos ĝin morgaŭ. Viajn partiturojn vi kunportu poste."

"Dankon sin... ho, Maŭrico, mi antaŭĝuas nian muzikan kunlaboron."

"Vi scias, ke sen deviga tasko, vi ne rajtas esti en la oficira konstruaĵo. Tio ne gravas: mi zorgas por atestilo kaj ŝlosilo. Vi povos meti la instrumenton en tiun ŝrankon kaj kunporti la ŝlosilojn."

Kaj jes: la postan tagon, la enirgardisto venigis min por ke mi prenu mian instrumenton. Ekde tiam, kiel eble plej ofte ni kune muzikis. Maŭrico estis pli ol 20 jarojn pli aĝa ol mi, li havis 41 jarojn kaj mi apenaŭ 18, sed tio ne malhelpis ke vera amikeco kreskis inter ni.

La kazerno estis grandega. Por informi la rekrutojn pri la specoj de la diversaj taskoj, la armeo uzis sirenon. Nia kompanio loĝis en tri apartaj komunaj ĉambroj de la sama konstruaĵo. En la kvara ĉambro loĝis la francparolantaj rekrutoj; la valonoj[9]. Tiun tagon, ĝis noktomezo la valonoj havis piketoservon[10]. Kiam lla sireno hurlis trifoje alte, trifoje malalte, la tuta skipo urĝe devis grupe kuri en la gardocentron. Tie ili ricevis instrukciojn pri la taskoj farendaj. Delonge mi planis moktrompi la valonajn amikojn. Tiun vesperon, jam post la 22-a horo, mi eniris nian komunan koridoron, kaj ĉe la pordo de la valonoj, per mia violono mi imitis la sirenon kaj tuj malaperis en la propran ĉambron.

Kompleta surprizo, ĉar jam pluraj pensis, ke post la 22-a horo oni ne plu bezonos ilin, kaj jam enlitiĝis, imagu! Ankoraŭ pli granda estis la konsterniĝo kiam la skipo alvenis en la gardocentro. La okuloj de la gardoficiro preskaŭ elsaltis de lia kapo. Neniu iam perfidis min, kaj la valonoj neniam sciis, kio vere okazis.

Amuza temo estas lingvo. Jes, nia komuna lingvo inter la flandraj rekrutoj estis la bona nederlanda lingvo, sed inter ni, ni preferis uzi nian propran dialekton. En nia lando pluraj dialektoj vivas. La problemo estis tamen, ke la diferenco inter la dialektoj de Antverpeno kaj Okcidenta Flandrujo estis tiel granda, ke mi regule funkciis kiel tradukisto, ĉar mi bonege parolis ambaŭ dialektojn. Kiel infano ni loĝis dum

____

9   Valonio: suda parto de Belgujo.
10   Piket: farenda tasko.

iom da tempo en Okcidenta Flandrio kaj la unuajn jarojn de la mezlernejo mi studis en la okcidenta urbo Kortrijk. Sed krom tio, ke mia panjo estis denaska antverpenanino, la plej grandan parton de mia mallonga vivo mi studis kaj vivis en Antverpeno. Kiam antverpenano petas buterpanon de la patrino, li diris *"Moe, krijk astemblief nen boterham?"* La okcident-flandro diras *"Moedre krik asjeblief e stutte?"* En la bona nederlanda ni diras *"Moeder krijg ik als 't u belieft een boterham?"* Ankoraŭ pli granda estas la diferenco de la limburga dialekto, certe ĉe la loĝantoj de la limregiono kun Nederlando. Imagu en nia ĉambro kun 30 litoj, kiam ĉiu parolis la propran dialekton, kia stranga sonaĉado aŭdiĝis.

La periodo de Lombardsijde estis la plej bela de miaj 18 militistaj monatoj. Sporto estis granda parto en nia milita edukado. Danke al tio mi malkovris, ke mi havis kelkajn sporto-talentojn. Eblis ekzameniĝi en difinita serio de sportodisciplinoj: longsalti 4 metrojn; altsalti 1,15 metrojn; 100-metra sprinto: 15 sekundoj; 1000-metra kuro: 3 minutojn, 15 sekundojn. Sen ia problemo mi ne nur sukcesis la ekzamenojn, sed faris la provojn unu post la alia, sen paŭzo. La premio estis, krom tri feritagoj, bela rekonilo, kiun mi rajtis fiksi sur la maldekstra poŝo de mia bluzo aŭ ĉemizo de la uniformo.

Fako, en kiu mi fariĝis forta, estis speciala longdistanca kurado. Unu de 9 kilometroj en unu horo kaj la dua de 16 kilometroj en du horoj. La specifa malfacilaĵo estis, ke ili okazas en plena bataluniformo kun: pezaj ledaj botoj, batalkasko, plena dorsosako eĉ kun plena trinkbotelo kaj faldita ŝovelilo. Fine la plej ĝena dum kurado estis la peza pafilo. Ĉe la fino, ene de la limigita tempo, ĉiam atendis ankoraŭ du provoj: 4 metrojn longa ekvilibra trabo kaj ĵeti 5 mangrenadojn minimume 12 metrojn malproksimen. Mi garantias, ke fine de tiom peza, laciga provo, tiuj provoj ne estas promenado. Foje, pro la varmeco, polvo kaj ŝvito sur miaj okulvitroj, kio ĝenis la vidon: ek! mi tro frue elsaltis kaj falis kun la trabo inter la femuroj, diable, kia dolorego! La postan tagon mi konsultis la kuraciston. Li iom mokridete diris:

"Kara amiko, la mezuro kaj la koloroj de via skroto post kelkaj tagoj normaliĝos. Certe ne maltrankviliĝu, tiu materialo denove bone funkcios. Mi donas al vi tri tagojn liberajn de sporto, sed la lecionojn vi nepre sekvu."

Dum la ekzercado por la 16 kilometroj, plej ofte ni estis kvinope en la unua grupeto. Ni sukcesis proksimiĝi al la rekordotempo de Lombardsijde ekde la ekzisto de la provo. La plej bona kuranto estis Matico, energia maldikulo kun fenomena eltenpovo. Li dormis en mia ĉambro ĉe apuda lito.

Dum nia lasta semajno en Lombardsijde, je la merkredo okazis la fina provo de la 16 kilometroj. Tiun vesperon, mi legis libron, Matico instalis sin sur la rando de mia lito.

"Ne plu estas sekreto, ke mi intencas ataki la rekordon de la kompanio. Por sukcesi, mi bezonas permesitan helpon."

"Ho, jes, tiujn helpantojn oni ĉe ni nomas leporoj."

"Jes, ankaŭ ĉe ni en Gento, kie mi estas ano de sportoklubo, ni uzas la vorton leporo. Mi ne scias ĉu la vorto estas la oficiala titolo, sed iu kiu iomete okupiĝas pri atletiko, certe komprenas. Nu, vidu, mi serĉas almenaŭ kvar leporojn. Mi pensas pri Jozefo, Gerdo, Alfonso kaj vi."

"Ha, kompreneble vi elektas kvar de la kvinopo, kiuj kune tiom bone pruvis, ke ili estas pretaj por la konkurso. Mi dankas vin pro via fido."

"Ne dankinde. Mi estas dankema, ke vi akceptas lepori. Pri la sinsekvo de la diversaj leporoj mi ankoraŭ dubas; pri la distanco, mi pensas pri: la unua: 5 kilometroj, la dua: 5 kilometroj, la tria: 4 kilometroj. Restas do por la kvara nur 2 kilometroj, sed la plej malfacilaj kilometroj. Ne forgesu ke la unuaj 3, kiam ili finis la taskon, ne nepre devas sekvi la grupeton, kaj rajtas daŭrigi laŭ propra ritmo. Mi sufiĉe frue indikos la sinsekvon de la leporoj."

"Laŭ mi la plej malforta estas Gerdo, sed pri la sinsekvo de la aliaj, mi estas feliĉa, ke mi ne devas indiki tion."

La vesperon antaŭ la granda evento; mi legas kaj Matico instalas sin denove ĉe la rando de mia lito.

"Bonan vesperon, kara amiko, mi deziras informi vin pri mia decido pri la divido de la taskoj. Je ĉiuj 500 metroj, laŭlonge de la farenda vojo, troviĝos indikiloj, je la lastaj 3 kilometroj, ĉiuj 100 metroj estos indikitaj. Kaj do kiel vi prave sugestis, estas dece ke Gerdo estu la unua leporo. Li reguligos kiel eble plej bone la ritmon de la unuaj kvin kilometroj. Mi pruntedonos al li kronometron kaj li scios ene de kiom da tempo li devos tiri la grupeton por atingi la kvinan kilometron.

Mia dua leporo estas Jozefo, lia tasko estas konservi la saman ritmon por la sekvaj 5 kilometroj. Gerdo pludonos la kronometron al Jozefo, kiu siavice pludonos al … Alfonso.”

“Tio signifas, ke mi estos la lasta leporo, ĉu!?”

“Nu, almenaŭ, se vi akceptas.”

Mi unue devis alkutimiĝi al la ideo, ĉar mi ne subtaksis la respondecon de la malfacila tasko. Mi rigardis mian amikon:

“Ĉu vi certas, ke mi kapablas?”

“Jes, tutcerte, mi scias ke, se vi akceptas, vi preferus mortfali ol rezigni.”

Mi flanken metis la libron, ekstaris kaj paŝis tien-reen en la ĉambro kiel polusa urso en bestĝardeno. Fine mi haltis apud mia lito, prezentis mian manplaton kaj li senhezite manfrapis ĝin.

Krom la diversaj venkendaj malfacilaĵoj, aldoniĝis, ke la morgaŭan tagon regos tropika varmo. Feliĉe la familioj, kiuj loĝis laŭlonge de la kurejo, konis la problemon kaj ĉiam pretis helpi. Ili metos sur la strato, da akvo plenplenajn zinkajn bankuvojn kaj sitelojn. Per la kasko, la soldato povos ĉerpi la akvon kaj poste remeti ĝin sur la kapon; la malvarma akvo dum tempeto iom refreŝiĝos. Bedaŭrinde nenia domo troviĝos laŭ la lasta longega kaj senarba vojo inter la statuo de la reĝo Alberto la unua[11] kaj la enirejo de la kazerno. Tie la suno kaj varmego regados kaj certe bategos la partoprenontojn.

Malgraŭ la varmo, mi bone dormis kaj sentis min freŝa kaj preta por bone efektivigi mian taskon. Post lasta kontrolo de la uniformo, armilo, pezo de la dorsosako ktp, la respondeca oficiro invitis la diversajn plotonojn atendi malantaŭ la blanka startejo ĝis la pafo. Nia skipo sukcesis atendi tute proksime de la linio. La sono de la revolvera pafo ankoraŭ vibretis kiam ni, kvazaŭ pafita sago, fulmrapide ekkuris. La aliaj ne planis rapide starti, tiel ni tuj havis la eblecon krei antaŭecon. Senprokraste ni akurate sekvis la planitan programon kaj samtempe evitis ke aliaj sin kroĉis al nia skipo. La unua leporo, Gerdo, perfekte plenumis sian taskon kaj ĉe kilometro 5, kiam Jozefo prenis la direktilon, kun granda suspiro elskipiĝis. Ankaŭ Jozefo akurate sukcesis tiri la skipon ĝis kilometro 10. Kontraŭe al la reago de Gerdo, anstataŭ forlasi nin, li instalis sin en la dua loko. Verŝajne li rimarkis ke Alfonso, malgraŭ ke li bone tenis la kadencon, ne plu sentis sin freŝa. Intertempe la miksaĵo de la duŝo per la kasko, ŝvito kaj la polvo iom ŝanĝis nian aspekton. La ritmo laŭ plano plialtiĝis kaj subite Alfonso stumblis kaj falis en la apudan sekan kanaleton. Ne rigardante malantaŭen, Jozefo tuj prenis lian lokon. Ne necesis okupiĝi pri Alfonso, ĉar

---

11 Albert Leopold Clemens Marie Meinrad, princo de Belgujo, duko de Saksen Germanujo, princo de Saksen-Coburg-Gota, fariĝis ekde 1909-12-23 ĝis 1934-02-17 la tria reĝo de Belgujo. La monumenton en Nieuwpoort (apuda vilaĝo Lombardsijde) realigis Karel Aŭbroeckx. Ekde 1999 ĝi estas "protektata monumento".

militkamioneto jam dum pluraj kilometroj sekvis nin. Tiuj homoj certe tuj okupiĝos pri la malfeliĉulo.

Kaj jen mia vico. Mi apenaŭ sentis lacecon kaj konis mian taskon. Nia skipeto jam havis fruiĝon kompare al la planita skemo. Alvenis la kilometro 14 kaj mi pli rapidigis la ritmon kaj vidis, ke Matico senpene sekvis min. Mi spronis min kaj Alfonso nevole perdis distancon. Matico bone sekvis, jen la lastaj 200 metroj, kaj Matico premis ĉion el la kruroj kaj li nun antaŭkuris plurajn metrojn. La distanco inter ni estis nun pli aŭ malpli 10 metroj. Mi sciis, ke se mi tenis tiun distancon, mi ne ĝenos lin. Dum li ĵetis la grenadojn, mi estis sur la ekvilibra trabo. Post mia lasta grenado, mia amiko brakumis min kaj niaj koloroj miksiĝis. Jes, li meritis la florojn kiel venkanto, sed kune ni polvigis la rekordon per 6' 34''. Ankaŭ mi ricevis atestilon de nia sukcesa rekord-atako.

Tamen, nia insigno havis ne-antaŭviditan voston. La kolonelo venigis nian skipon en sian oficejon.

"Karaj verdbanduloj[12], mi jam gratulis vin, sed venis mesaĝo de la ĉefoficejo de Bruselo[13] . Mi legos nur kelkajn frazojn de la mesaĝo:

"Gratulojn pro la fenomena rezulto de la kvin verdbanduloj. Ilia rezulto egalas al la plej bona rezulto iam de niaj sturmantoj. La ŝtatmajoro[14] proponas, kiel pruvo de sia aprezo, doni al vi tri aldonajn feritagojn, kiujn vi rajtas laŭvole uzi."

Nome de la tuta skipo, Matico dankis pro la bela donaco kaj ni laŭte aplaŭdis.

Du- ĝis tri-foje semajne Maŭrico kaj mi kune muzikis. Ni ambaŭ havis amason da partituroj kaj kompreneble ambaŭ ĝuis la muzikajn horojn. La piano troviĝis en izolita salono de la oficira konstruaĵo. Ni malkovris, ke la majoro, la ĉefo de nia korpuso, regule sin kviete instalis en apudan ĉambron, por aŭskulti nian muzikon. Mi min sentis feliĉa pro la diversaj avantaĝoj de la kunlaboro kun Maŭrico. Regule ni havis la bonŝancon publike aŭdigi nian muzikon. Plej ofte tio

---

12 Sur la ŝultroj de la uniformoj de la diversaj soldato-studentoj troviĝas koloraj rubandetoj: ruĝo por la kandidatoj de rezerv-oficiroj; verda por la kandidatoj de rezervo-suboficiroj; blanko por kandidatoj de profesiaj suboficiroj, ktp. Nia skipo do rekoneblas kiel kandidato de rezervo-suboficiro. Pro tio la generalo alparolis nin per "verdbanduloj".
13 Bruselo: la ĉefurbo de Belgujo.
14 Ŝtatmajoro: pli alta konsilantaro de la armeo.

okazis en la oficira mess[15]. Tie staris bone prizorgata vostpiano.

Antaŭ la koncerto, la majoro invitis min manĝi en la kuirejo de la oficira restoracio. Li ĉiam senkulpigis sin, ke la regularo ne permesis kune manĝi kun la oficiroj. Mi ne celis apartan traktadon, sed la majoro estis muzikemulo. Regule mi tiel kolektis feritagojn. Miaj samĉambranoj ne komprenis kiel eblis, ke mi tiom ofte forestis. Eĉ konkretaj planoj por koncerta rondvojaĝo en la kazernoj de Germanujo kuŝis sur la tablo. Mi jam sukcesis en la sportaj kaj teoriaj ekzamenoj por akiri la gradon de serĝento semajnon antaŭ la definitiva decido pri la koncert-rondvojaĝo. Tiam alvenis mesaĝo, kiu trafis min kiel fulmotondra eksplodo: Maŭrico havis akcidenton dum milita ekzerco.

La majoro venigis min por komuniki la katastrofon.

"Permesu, ke mi ĉeestu la funebran ceremonion. Tamen, mi ne kapablos mem muziki dum la diservo. Mi scias, ke vi aranĝis por mi apartan traktadon post la lernejo; tion mi ne plu deziras. Sendu min al Germanujo, eble malproksime de ĉi tie, tiel mi povos digesti la perdon de Maŭrico".

La karulo postlasis edzinon kaj du adoleskantojn kaj amason da amikoj.

---

15 *Mess*: luksa salonego, kie la oficiroj povas ripozi, babili, kunveni ktp. Gravajn vizitantojn ili ĉiam akceptas en la 'Mess'.

Germanujo

Mia unua eraro – nu, ĉu eraro? Mi alvenis du tagojn pli malfrue ol la aliaj en Germanujo, ĉar mi havis la permeson ĉeesti la funebraĵojn de Maŭrico. Mia dua eraro – nu, ĉu eraro? Mi ne havis monon. Apenaŭ sufiĉe por pagi bieron en la trinkejo ("*Bar*") de la suboficiroj. Mia unua vizito al tiu loko fariĝis la bazo de la kolero de la plej venĝema homo, kiun mi iam konis. Mi instalis min sur alta seĝo ĉe la bufedo. Tuj poste envenis la adjudanto Van Dessel kaj rekte direktiĝis al mi. Kiel la armea regularo ordonas, mi tuj saltis sur la plankon kaj prezentis min.

"Nu, kial vi venis pli malfrue ol la aliaj?"

"Permesu, mi havis la permeson ĉeesti la funebraĵojn de kapitano, kiu akcidentis dum manovroj."

"Ha, ha, ĉu vi estas tia tipo kiu uzas ĉiujn okazaĵojn por eskapi al la aliaj taskoj?"

"Senkulpigu, mi ricevis la permeson de la korpusestro, sen mia peto. Pri la kialo mi nun ne kapablas paroli, eble pli malfrue."

"Ĉu vi ne konas la tradiciojn, kiam vi por la unua fojo envenas la suboficiran *Bar* ?"

"Jes, adjudanto. Mi ne ŝatas diri tion, sed mi ne havas monon."

“Nu, simple petu la serviston enskribi vin en la grizan kajeron.”

“Mi konas la mizeron de ŝuldoj kaj intencas neniam havi. Tamen, ekde kiam mi tamen havos monon, plezure mi regalos vin per eĉ pli ol unu biero.”

“Kie vi loĝas?”

“En malgranda vilaĝo, kiu nomiĝas Sankta Job.”

“Ha, ha! Senhavulo kiu loĝas en la vilaĝo de la sankta almozpetulo Job. Aĥ, aĥ, aĥ!”

“Kaj serĝento, kie vi loĝas kiel civitano?”

“Mi almenaŭ loĝas en la respektinda vilaĝo Mortsel.”

“Ha, ha, mia vico por mokridi, la vilaĝo de la frenezulejo!”

Li ne plu rigardis min kaj tute klare kolere iris sidi ĉe tablo. Tio estis la komenco de senfinaj ĉikanadoj. Li taskis min per la plej riskemaj misioj dum plenaj naŭ monatoj. Ĉiujn komojn aŭ punktojn kiujn, laŭ li, mi malbone aŭ erarplene interpretis, li ne nur malavare punis, sed strange, denove ordonis novan taskon. Li estis la plej altranga suboficiro kaj devus esti la amiko kaj helpemulo por siaj subuloj.

Ankaŭ malbonŝanco trafis min kelkfoje. En bela kineja salono ni povis spekti foje ege interesajn filmojn. Sed la ĉeesto en la kinejo estis strikte malpermesita al la punitoj. Do ĉar mi bone konis la operatoron, kies laborlokon oni atingis per ekstera ŝtuparo, mi do riskis enveni laŭ tiu vojo. La filmo jam ekis. Kiel eble plej silente mi eniris la operatoran ĉambron. Tra kelkaj grandaj truoj mi bone povis sekvi la filmon. Ankaŭ alia homo sammaniere sekvis la filmon. Pro la mallumo, mi ne povis rekoni lin. Dum la paŭzo kaj por ŝanĝi la filmbobenojn la operatoro enŝaltis la lumon. Kun la intenco komenti la filmon, mi min turnis al la najbaro … aj, aj, diable! Mi rigardis rekte en la vizaĝon de la adjudanto *Van Dessel*. Granda rikano aperis sur lia vizaĝo. Nedirante vorton, mi rapide forlasis la lokon. La puno denove ne estis mola: tuta semajno da policoĉambro.[16]

Feliĉe la sportsekcio regule bezonis min por partopreni en la internaj konkursoj inter la baterioj, sed ankaŭ por sportkonkursoj inter la diversaj belgaj armeaj unuoj en Germanujo. Regule mi partoprenis en diversaj fakoj; en kelkaj mi ofte gajnis, nome: 50 kaj 100 metrojn dorsonaĝado, longdistanca kurado kaj la fama *"Kros Piron"* (kampkurado). En tiu lasta fako mi kuris kun bona amiko, ĉiam ĉe la vosto de la grupo, ĉar kiam la grupo jam survoje perdis kvin partoprenantojn, ni helpis la lastajn de la grupo, ĉar gravis la tempo de la kvindeka, la lasta.

---

16 Policoĉambro signifas punon. Por la soldatoj tio signifas: tranokti kaj la kompletan semajnfinon loĝi en la mallibrejo de la kazerno.

La cigaredoj

Foje tamen, la bonŝanco ridis al mi. Militisto, kiu baldaŭ malmobiliziĝos, dum kartludo demandis, ĉu min interesas gajni monon. Mi jesis, kaj ni revidis nin en mia ĉambro. La belgaj soldatoj en Germanujo ricevis ege malmultekoste porcion de 800 cigaredoj monate. La prezo por paketo de 25 aŭ 20 cigaredoj, depende de la marko, kostis nur 1,25 Bfr (belgajn frankojn) kaj en tiu periodo unu germana marko (germana valuto) validis 12 belgajn frankojn.

"Mi havas ege fidindan germanan kontaktpersonon, al kiu mi vendas ne nur miajn cigaredojn, sed ankaŭ tiujn de pluraj homoj, kiuj ne fumas. Ili pagas por la paketo 1,25 Bfr. Kaj mi pagas ilin po 5 frankojn. Mi vendas la tuton al la germano kaj li pagas por paketo unu markon (12 Bfr); ĉu vi kaptas?"

"Jes. Kaj kiom da paketoj vi monate kolektas?"

"Mezume inter 30 kaj 35. Mi mem ne vizitas ilin, sed ili mem zorgeme alportas la cigaredojn al mi. Notu tamen, ke la afero ne estas sen *danĝero*. *Se ili* kaptas min en tiu komerco, sekvas gravaj punoj, ne nur de la milita kortumo, sed ankaŭ la germana juĝo ne ridas pri tio. La sinjoroj, kiuj vendas la varon al mi, ankaŭ estos grave punitaj. Rilate al tio, tiu flanko de la operacio estas sekura. Se vi akceptus la komercon, mi vendas ĝin por 6.000 belgaj frankoj. Kion vi pensas?"

Kalkulilon li havis kaj mi tuj konkludis, ke la mezuma profito estus 8.200 Bfr. Tio ankaŭ signifis la trioblon de mia antaŭa salajro, do mi akceptis la proponon. La 6000 belgajn frankojn – mi sciis kiel akiri tiun sumon – mi povis repagi post nur unu monato.

La 35-a Bataliono

Feliĉe mi povis plene ĝui la sporthorojn kaj aliajn eventojn por digesti la ĉiutagajn maljustaĵojn. Ĉar post naŭ monatoj mi ne akiris la enoficiĝon de serĝento, mi perdis la eblon kandidatiĝi kiel serĝento. Tio signifis, ke la lastajn tri monatojn de la militservo mi ne plu havis rangon kaj devis transloĝiĝi al alia kompanio apud la urbo Aĥeno. Fine la bonŝanco mansvingis: kelkaj hazardoj redonis koloron al mia vivo.

Mi min anoncis ĉe la kompanio C, ĝi estis la administra centro de la kompanio. La adjudanto Roberto *Venne* bonvenigis min. Mi min prezentis laŭ la militistaj kutimoj.

"Aĥ, aĥ, denove kliento el la 31-a kompanio, mi jam bovenigis plurajn eksverdajn kaj eksruĝbandulojn. Bonvolu doni vian armean poŝlibreton."

Li trafoliumis la libreton kaj kuntiris la brovojn.

"Nu, nu, kara, 88 policoĉambrotagoj kaj 24 tagoj da malpeza puno, laŭ mi tio estas rekordo! Diru, kio estas via specialaĵo, aĥ ne, ne diru ion, mi jam divenas: vi certe estis la plej bona amiko de Adjudanto Van Dessel?"

Ne movante la ruĝegan kapon, kun la brakoj rigide apud la korpo, mi atendis.

"Mi ne komprenas, ke tiu senhontulo daŭre kaj senpene surtretas unu viktimon post la alian. Mi konstatas ke viaj unuaj ses monatoj en Lombardsijde estis senmakulaj. Ankaŭ la studorezultoj estas brilaj. Komprenu kiu povas! Mi ne povos ripari la ruinon, sed ni certe bone kunlaboros, eble mi kapablos mildigi la aĉajn sentojn, kiujn vi certe por ĉiam kunportos pri la armeo, kaj esperas ke ili iom mildiĝos ĉe la 31-a kompanio. Nu, mi vidas, ke vi tuj povos solvi urĝan problemon. La ŝoforo de la kolonelo dum pluraj monatoj ne plu feriis pro manko de taŭga anstataŭanto. Kion vi pensas, ĉu vi akceptus anstataŭi lin dum almenaŭ du semajnoj?"

Eĉ ne sekundon mi dubis kaj tuj akceptis la taskon.

"Vi certe ankoraŭ ne tagmanĝis. Nu bone, la sekretario akompanos vin al via ĉambro. Poste iru tuj al la manĝejo, mi informos la ĉefon de la kuirejo, ke vi venos."

Mi dankis, salutis kaj sekvis la sekretarion. La ĉambro estis malgranda, nur por kvar litoj. Laŭ mi nur unu lito estis preta. Tio do signifis, ke ni okupis nur duope la ĉambron. Mi iom ordeme postlasis miajn pakaĵojn kaj kvin minutojn poste mi sidis ĉe tablo en la manĝejo. La ĉefkuiristo ŝajnis afabla, babilema viro, laŭ mi pli aŭ malpli 40-jara. Li nomiĝis Gerardo.

"Ĉu vi estas hazarda vizitanto, aŭ novulo?"

"Nu, mi planas rezidi miajn lastajn tri monatojn ĉi tie."

"De kie vi venas? Ho, mi vidas sur viaj ŝultroj: la 31-a el Reinbach. Kio okazas tie? Jam tri aliaj ekskandidataj rezerv-oficiroj alvenis hieraŭ, ĉu oni organizas restvendadon ĉe la 31-a? "

"Kredu min sinjoro, por mi estas eskapo el trudita infero."

"Nu, nu, tiom peniga?"

"Vi ne havas ideon, kiom liberigita mi min sentas nun."

"Ĉu vi jam konas vian taskon ĉi tie?"

"Jes, pli ol verŝajne, mi dum du semajnoj anstataŭos la ŝoforon de la kolonelo. Mi poste devos kontakti lin por ke mi ekkonu la taskojn kaj mondon de la kolonelo. "

"Ha, Johano, mi bone konas lin, li estas amiko mia. Se vi deziras, mi povas venigi lin, almenaŭ se li nun estas en la kazerno. "

"Dankon, tio ŝparus al mi tempon kaj mi ne devos serĉi pinglon en fojnostako."

Efektive, apenaŭ dek minutojn poste, Johano instalis sin ĉe nia tablo. La kora saluto de ambaŭ amikoj estis sincera.

"Johano, mi venigis vin por prezenti vian verŝajnan anstataŭanton dum via ferio. "

"Ĉu vi? Nu, dank' al Dio aŭ diablo, fine mi povos ferii dum almenaŭ du semajnoj."

"Nu karaj, diras Gerardo, mi lasas vin babili, mi havas laboron en mia regno, sed unue ankoraŭ alportos kafon."

Efektive kelkajn minutojn poste, Gerardo verŝis bonodoran kafon en niajn tasojn. Mi petis lin informi la adjudanton Roberto, kie kaj kun kiu mi kunsidis.

"Edvardo, kiel eble mi informos vin detale pri la taskoj kiuj atendas vin. Mi ĵuras ke vi bedaŭros mian revenon. Nia kolonelo estas postulema, sed ĉiam afabla kaj komprenema. Li loĝas en la oficira kvartalo en la centro de la urbo. Malgraŭ ke lia edzino naskis sep filinojn, ŝi daŭre estas bela kaj ĉiam bone prizorgita. La filinoj estas inter 7 kaj 18 jaraj. Ilin vi regule veturigos ien kaj tien. Ili estas afablaj, sed gardas distancon."

Helpanto de Gerardo nin ĝentile petis serĉi alian lokon por babili, li devis prepari la tablojn por la vespermanĝo. Intertempe la soldatotrinkejo malfermiĝis. Mi jam plenigis paĝon pri detaloj kaj sciindaĵoj en la manĝejo kaj dua paĝo sekvis en la trinkejo. Kompreneble babili inter du glasoj da blonda germana biero faciligis la laboron. Ni ankaŭ vizitis la garaĝon, kie staris la aŭtomobiloj de la kolonelo. Bela, brilanta Volvo kakikolora apud la Volkswagen (VW) de la dua en komanda vico: la Kapitano Bertoldo *De Wit*.

"Normale la ŝoforo de Bertoldo devus anstataŭi min, sed nia kolonelo opinias, ke li malsekure stiras, kaj ne plu volas lin kiel ŝoforon. Sed la vera historio estas, ke la plej aĝa filino plendis, ke li kelfoje klopodis iom pli alproksimiĝi al la belulino."

La postan antaŭtagmezon, adjudanto Roberto, la kolonel-ŝoforo, prezentis min al la kolonelo. Unu post la alia prezentis sin al la kolonelo. La sinjoro klare klopodis por taksi min kaj fine diris per iom mola voĉo:

"Do tiu ĉi estas la ŝoforo, al kiu mi fidos miajn trezorojn la venontajn du semajnojn?"

"Permesu, kolonelo, diris la adjudanto, li jam akiris atestilon de bona ŝoforado, por veturi per diversaj veturiloj dum pli ol 50.000 kilometroj sen akcidento. Ankaŭ la aliajn sekurecopunktojn mi zorge kontrolis. Mi opinias lin taŭga anstataŭanto de Johano, kiu cetere bone preparis lin por la tasko. "

"Dankon pro la klarigoj, tio sonas bonege."

Li afable rigardis min kaj apenaŭ kredeble:

"Prezentu la mankavon."

Mi tuj faris kaj li senhezite per firma manbato sigelis nian kunlaboron.

"Morgaŭ frumatene vi akompanos Johanon por preni min hejme. Ekde tiam Johano estos libera. Vi reveturos denove al mia hejmo por veturigi kelkajn de miaj filinoj al la adresoj, kiujn ili indikos kaj kies itineron ili konas. Poste revenu kaj prezentu vin ĉe mi. Pri la hejmenveturado de la filinoj, mia edzino okupiĝos. Dankon, sinjoroj, vi povas disponi. ”

Triope ni salutis kaj foriris. La tagon poste, per la Volvo, mi kondukis Johanon al la stacidomo de Aĥeno.

Kvazaŭ naskita por tiu ĉi tasko mi ŝvebis de unu tago en la alian. Akurate, senpene, mi sukcesis plenumi la foje multajn taskojn. La tago de la reveno de Johano alproksimiĝis, sed la tagon antaŭ tio, la adjudanto venigis min.

“Sidiĝu, mi havas malbonan novaĵon pri Johano: pasintan nokton oni enhospitaligis lin en la milita malsanulejo de Ostendo kie li estis urĝe operaciita je krevinta apendico. La lasta mesaĝo anoncis, ke li ne plu alfrontas vivdanĝeron. Li forestos dum almenaŭ ses semajnoj. Laŭ mi, vi ne dubas sekundon daŭrigi lian taskon dum tiu tempo, ĉu?”

Mi ridetis.

“Adjudanto, unue mi feliĉas ke Johano postvivas, ĉar li estas bona kaj sindonema homo. Mi kompreneble, kun via permeso, ŝatas prizorgi la taskon ĝis Johano revenos.”

“Mi jam priparolis la okazon kun la kolonelo. Li absolute konsentas, ke vi daŭrigu ŝofori por li. Li eĉ gratulis min pro la bona decido, kiam mi elektis vin esti la anstataŭanto de Johano.”

“Dankon. Mi akceptas la plumon por ornami mian ĉapon.”

"Ne estas ĉio, aldoniĝas provizora sekreto: post iom pli ol monato okazos grandegaj manovroj, en kiuj la belga armeo lokita en Germanujo kunlaboros kun la anglaj taĉmentoj kazernitaj en Germanujo. Via rolo estos grava, ĉar vi kelkfoje en la vespero veturigos la kolonelon al lia hejmo kaj revenigos lin frumatene. Dum la manovroj, vi, per VW, veturigos altajn oficirojn, foje kun, foje sen la kolonelo al la kamparaj vojoj kaj eĉ en lokoj kie mankas vojoj. Akompanos vin juna leŭtenanto kiel ĉiĉerono. Tio estos por li parto de ekzameno por akiri la gradon de kapitano. Li estas gravulo, brila eksa studento de la militista lernejo."

Por mi la manovro komenciĝis per terura aventuro. Mi bone enkapigis la itineron de la kolonelodomo al la granda, kaŝita tendo de la cerbocentro de la tuta organizo. Do frumatene ni forveturis en la direkton de la manovrejo. Pli aŭ malpli duonvoje ĉe vojkruciĝo mi vidis duonboritaj en arbon la fumantajn restaĵojn de milita luksaŭtomobilo. Tuj mi haltis, kaj ne petante permeson, kuris al la restaĵoj de iama Volvo. Policanoj kaj ekspertizistoj okupiĝis pri la kaŭzoj. Jes, estis la aŭtomobilo de kolonelo. La ŝoforo mortis surloke. La kolonelon, grave vunditan, oni kondukis en la armean hospitalon de Kolonjo. Nur tri ciferoj de la numerplato legeblis kaj kelkaj restaĵoj de la belga flago konfirmis la landon. Intertempe la kolonelo, kiu dormis, forlasis la aŭtomobilon. Mi tuj informis, pri tio kion mi sciis, li nekredeme rigardis min kaj rapide direktiĝis al la harstariga loko. Ne dirante vorton, li kaŝis la vizaĝon por maski la larmojn. La postan parton de la vojo ni silentis, ambaŭ kun la samaj pensoj.

Nia alveno en la tendara centro kaŭzis ŝokegon. La homsvarmo tuj ĉirkaŭis nin, kelkaj eĉ dancis. Pene, mi malfermis la pordon, nun mi komprenis la tumulton, ĉar ili kriis:

"Ili vivas, ili vivas."

Kelkaj eĉ dancis.

"Edvardo, ĉu vi ne pereis? Kaj la kolonelo ŝajne bone aspektas."

Nun la kolonelo komandis silenton.

"Dankon pro via varma akcepto, sed bedaŭrinde ne estas la momento festi. Laŭ via reago, mi komprenas, ke vi scias pri la grava aŭtomobilakcidento. Mi atendas la oficirojn en la tenda kunvenejo."

Neniu moviĝis, ĝis la lasta oficiro komandis "Rompu la rangojn!" Tuj la aliaj ĉirkaŭis min kaj petis klarigojn.

"Karaj amikoj, diru unue, kiu informis vin pri la katastrofo?"

La plej altranga suboficiro ordonis:

"Silenton! Ĉar Edvardo nenion komprenas pro la bruaĉo."

Li venis apud min kaj rakontis:

"Apenaŭ duonhoron antaŭ via alveno, la kamiono kun la provizo alvenis. Ili detale rakontis, kion ili vidis; ili ankaŭ vidis, ke oni ensakigis la nerekoneblan korpon de la ŝoforo. La kolonelo, grave vundita, estis jam survoje al la hospitalo. Ili ne sukcesis identigi la aŭtomobilon, ĉar la ruino komplete pereis en flamoj. Fajrobrigadisto diris, ke la kolonelo estis elĵetita de la aŭtomobilo kontraŭ arbon; li surhavis nur bluzon; la vesto kun verŝajne ankaŭ liaj paperoj forbruliĝis. La ŝoforo havis nenian ŝancon. Nu, ĉu vi scias iom pli?"

"Mi bedaŭras, vi havas pli da detaloj ol ni. Jes, al ni ili informis ankaŭ, ke laŭ la spuroj, alia aŭtomobilo kaŭzis la aĉaĵon. Tiu ŝoforo ignoris la prioritaton de la militista aŭtomobilo, kaj post la kolizio fuĝis. Li aŭ ŝi verŝajne jam estas en la manoj de la polico. Ili retrovis la preskaŭ kompletan antaŭan platon. Mi supozas, ke la kolonelo scias, kiu mankas; ili certe jam ricevis raporton de la diversaj batalionoj pri la manko de la plejaltrangulo. Bonvolu, mi bezonas grandan tason da forta kafo, ĉu eblas?"

Posttagmeze mi ekkonis la junan leŭtenanton; li prezentis sin kaj konfirmis tion, kion mi jam sciis. Li nomiĝis *Jozefo Van der Agen*. Post mia klasika militista prezentiĝo, li invitis min sidi:

"Saluton, Edvardo, do mi fariĝos via ĉiĉerono dum la manovroj. Ĉu vi havas bonan orientiĝan kapablon?"

"Mi pensas ke jes."

"Ĉu vi nun kapablas indiki la nordon, poste la direktojn al Kolonjo kaj al Belgujo, sen kompaso?"

Mi, per la brako kaj senhezite montris la 3 ĝustajn direk-
tojn.

"Ŝajnas ke ni kune ne perdiĝos en la araneaĵoj. Ĉar ni ne
rajtas vojerari kun la altranguloj, ni regule unue esploros la
itinerojn de la planitaj vojoj. Ĉar hodiaŭ ni ne plu havas
taskon, ni nun esploru la itineron de morgaŭ. Tiel sen aliaj
oreloj ni povos facile konatiĝi. Prenu la VW kaj prenu min ĉi
tie."

"Mi tuj faros, sed mi unue petos la kolonelon je kioma
horo li deziras reiri al la familio. Li jam informis, ke li nepre
devas esti hejme pro la naskiĝtago de unu el la sep filinoj.
Poste mi prenos varmbotelon da freŝa akvo en la kuirejo. Ĉu
ankaŭ vi deziras tion?"

"Bonega ideo, iru preni la trinkaĵon, mi informiĝos pri la
horo ĉe la kolonelo.

Dek kvin minutojn poste, la leŭtenanto instalis sin sur la
antaŭa pasaĝera sidloko kaj ni ekveturis en la indikitan direk-
ton.

"Mi supozas, ke mi povas, laŭ miaj paperoj, nomi vin
Edvardo, kaj nomu min senĝene per mia voknomo, Jozefo."

"Koran dankon. Ankaŭ mia plej aĝa frato nomiĝas tiel.
Tamen mi supozas, ke dum la ĉeesto de aliuloj, mi nomos vin
leŭtenanto, ĉu?"

"Nu, bone, mi ĉiutage provizos nin per trinkaĵoj kaj
manĝaĵoj kaj la novaj itineroj. Memoru, se ni hazarde vidos

malamikojn, ni tuj forbruligu la itinerojn. La fajrilo kuŝas en la gantoŝranketo. Ni haltas por enkapigi parton de la itinero."

"Mi ne indikos la vojon, mi kontrolos nur ĉu vi ne devojiĝas."

Tiel ni atingis la unuan haltejon. Denove mi bone pristudis la tutan vojon ĝis la dua celo kaj daŭrigis la veturadon. Dufoje mi dubis, haltis por memore revidi la vojon ĝis ĉi tie kaj elektis la bonan direkton. La duan fojon la sama scenaro, sed nun mi rimarkis, ke mi devis reveturi iomete, kaj jes, mi denove retrovis la vojon rekte al la centraj tendoj.

"Ĉu vi kapablas nun ne haltante refari la saman vojon?"

"Nu, certe, eĉ en la kontraŭan direkton."

"Mi eĉ kredas vin. Morgaŭ ni forveturos je la 9-a matene. Mi denove zorgos pri la provizaĵoj. Bonajn apetiton kaj nokton. Ĝis morgaŭ."

Antaŭ ol ekdormi, mia kapo revidis la tutan rondveturadon kvazaŭ filmon. Poste mi havis bonegan nokton.

La kvinan tagon ni vizitis la kampadejon de la 31-a kompanio. Kia surprizo: mi revidis mian iaman kanonoskipon de 7 homoj; ili preskaŭ samtempe salutis min:

"He, la gardisto, kiel vi?"

Ili tuj forte brakumis min. Mi havis apartajn amikajn sentojn kun tiuj ĉi junaj soldatoj, foje nia skipo por gardi kampadejon kaj materialon. Mia vundito Maŭrico Slabbe anoncis sian baldaŭan geedziĝofeston. Laŭtvoĉe li diris je gajeco de la ĉirkaŭuloj en sia dialekto: *"Kik wachtmeester zedzi e bukske ant kriggen"* (Vidu gardisto, via ventro dikiĝas!) Pene mi adiaŭis miajn iamajn kunhomojn. Leŭtenanto Jozefo tute ne reagis pro la sceno.

La manovroj rapidege kaj sen pliaj akcidentoj finiĝis, sed ne por longe. Diversaj aspektoj de la postmanovraj taskoj kuŝis en la manoj de leŭtenanto Jozefo. Kiam mi legis la longan liston de la diversaj kontroloj farendaj, mi rigardis lin kaj samtempe gratis min malantaŭ la oreloj.

"Bonŝance, Edvardo, mi ricevis monon por la tranoktado kaj restoracioj por ni ambaŭ. Mia propono estas, ke mi detale ĉion bone planu. Por ĉi vespero mi jam povis rezervi hoteleton. Ni tuj ekveturu tien, unue manĝu kaj poste vi estos libera ĝis, ni diru, la 23-a horo. Tiam mi atendas vin en la salono."

Tuj post la bona vespermanĝo mi iris en mian ĉambron. Miaj ŝuoj staris planke, la vekhorloĝo de la ĉambro estis regulita je la 10:45 horo kaj tuj mi ekdormis. – Post rapida duŝo mi, kun freŝa kapo, min prezentis ĉe Jozefo en la salono.

"Sidiĝu"

Li donis la paperan frukton de sia laboro.

"Bone legu. Se vi havas rimarkojn aŭ demandojn, ni priparolos tion morgaŭ dum la matenmanĝo. Nun tamen mi havas kelkajn privatajn demandojn, al kiuj vi libere respondu, aŭ ne. Unue mi mem preferas malstreĉan babiladon. Se la etoso malagrabliĝos, ni tuj ŝanĝos la temon. Ĉu vi konsentas?

"''Tute, do ni eku."

"Nu, vi havas multajn talentojn kaj naturdotojn, vi estas lerta kaj facile solvas problemojn. Ege trafis min, kiam vi revidis vian skipon de la 31-a. Iliaj amikeco kaj rekonoj mirigis min; tiuj homoj vere amas vin. Rakontu."

Kion fari? Mi demandis min, ĉu eblas rakonti tion. Nu ja, kial ne?

"Nu bone, mi hezitas, ĉar mi preferas rakonti la veron, sed tutcerte mi faris, laŭ la regularo, fojfoje dubindajn decidojn, sed mi bonege konis mian skipon. Kelkfoje ne eblis fermi la okulojn, sed mem riskis punon. Se vi konsentas, mi preferas rakonti tion morgaŭ dum la vojaĝo, tio almenaŭ mallongigos la vojon. Cetere mi vidas, ke vi dormemas kaj mi preferas ankoraŭ rigardi viajn notojn."

"Vi pravas, ni nin revidos je la sesa kaj duono. Bonan nokton."

Post abunda matenmanĝo, ni forveturis je la 7:30 horo. Hazarde aŭ ne, tagmeze ni atingis la forlasitan kampadejon de la 31-a bataliono. Ĉi tie ni piknikis kaj iom ripozis.

Nu, Edvardo, rakontu

Ĉe la 31-a mi respondecis pri la ĉambro 5 de la baterio A. En la ĉambro 5 dormis 22 soldatoj. Miaj 6 skipanoj loĝis en la sama ĉambro. La ĉambrorespondeculo Marko, kaj du analfabetoj, Pedro, filo de rivernavigada familio kaj Maŭrico Sabbe, filo de terlaboristo. Li pro la frua forpaso de la patro jam ekde tiam, 14-jarulo, anstataŭis lin. Cetere Maŭrico estis vera malspritulo sen bonaj manieroj, sed kun grandega koro, tamen ankaŭ kun aĉa, vulgara humoro. La lito de Maŭrico staris malproksime de la aliaj, pro la naŭza odoro de tiu ulo, kiu timis akvon kaj sapon. Iun vesperon, kiam mi estis la gardsuboficiro, mi aŭdis bruegon en la banĉambrego. La sceno, kiun mi vidis tie, mirigis min. Kvar fortuloj tenis la nudan, kriaĉantan Maŭricon sub la spruĉanta akvo, dum la kvar per broso kaj amaso da sapo lavis la baraktantan Maŭricon. Mi nenion diris kaj forlasis la lokon. La postan tagon mi venigis la ĉambrorespondeculon. Ni interkonsentis, ke estonte ili informu min antaŭe pri la planoj.

Alian fojon dum semajnfino mi estis kun la skipo antaŭgardisto ĉe la flughaveno de *Wahn* (ĉe Kolonjo, en Germanujo) por gardi la tutan kampadejan materialon de la baterio A, kiu la postan lundon venus por lerni kiel sekvi kaj pafi je aviadiloj. Niaj tendoj staris almenaŭ du kilometrojn for de la ĉefaj flughavenaj konstruaĵoj. Ni alvenis tie la vendredvesperon, la temperaturo estis minus dek du gradoj. Bone ekipitaj ni kune dormis en piramidoforma tendego. Ni flankenmetis la pintan kovrilon de la tegmento, instalis fajro-korbon kaj bone dormis.

Je sabato la temperaturo mildiĝis, sed ĉirkaŭ la 20-a horo ekneĝis. Neniu atentis pri tio; ni uzis la kuirejon kaj kune preparis la manĝaĵojn. Sed, ho, ve! Dimanĉmatene la neĝo pliiĝis kaj jam atingis tutan metron! La unua volontulo estis Maŭrico por irpreni la materialon. Baldaŭ eĉ la plej pigra persono kunfosis koridorojn de unu tendo al la alia. Poste mi taskis ilin duope senneĝigi la tegmentojn, kaj kiel eble ankaŭ liberigi la flankojn ĉirkaŭ la tendoj. Feliĉe vespere ne plu neĝis, sed la temperaturo tiom malaltiĝis, ke mi ne plu kapablis mezuri ĝin. Ĉar lunde mi konstatis ke la provizo ne plu sufiĉos kaj mi havis nenian komunikilon, eĉ ne kamptele-fonon, restis nur unu solvo: mi devis piede iri al la angla aerarmeo kiu estris la fluhavenon. Mi elektis Pedron, ĉar kun Maŭrico estis tro riske ĉe la angloj. Mi indikis Johanon kiel respondeculon dum mia foresto.

Unue ni iris en la direkton de la aviaj kurejoj, ĉar mi sciis ke ili liberigis tiujn vojojn kaj tiel ni atingis la konstruaĵojn. Problemo: la gardisto per la pafilo rekte en nia direkto kriis "la pasvorton". Kompreneble mi ne konis la respondon; mi rekriis iajn similajn vortojn en lian direkton, kaj – miraklo!!! La gardisto kun rideto malfermis la pordon de la enirejo. Kvazaŭ mi jam venis tien kaj kun vervo ni eniris la koridoron. Tie sidis bela virino ĉe la akceptejo, kiu iom mire rigardis min kaj afable diris:

"Can I help you, Sir?" (Ĉu mi povas helpi vin, sinjoro?)

En mia plej afabla, sed kaduka angla mi klarigis, ke mi nepre devas telefone atingi mian kompanion ĉe Reinbach pro la provizoproblemoj por sep soldatoj en subneĝa tendaro. Ŝi rigardis min kvazaŭ ŝi aŭdus tondron en *Kolonjo*[17]. Iom heziteme ŝi telefone venigis kapitanon. Li prezentis sin kiel Richard Keeton. Mi denove klarigis la situacion, feliĉe li tuj komprenis. Verŝajne li sciis ion pri la kampadejo. Feliĉe li ne demandis, kiel ni sukcesis enveni. Ima-gu la kompatindan gardiston! Kun angla flegmo kaj eleganteco li indikis sekvi lin. Li instalis nin en larĝaj brakseĝoj, proponis trinkaĵon kaj demandis, ĉu mi havas la telefonumeron de miaj ĉefoj. Iom ĝene mi kapneis.

"Never mind, I have a special army phone book from Germany." (Ne zorgu, mi havas specialan armean telefonlibron de Germanujo.)

---

17 *Aŭdi tondron en Kolonjo* estas flandra esprimo, kiu signifas: *Ege mirigite reagi.*

Li baldaŭ revenis kun impona libro sub la brako. Ne dirante vorton, li foliumis la libregon. Nu, gratulojn: ene de kvin minutoj li skribaĉis ion sur papereto kaj petis min sekvi. Denove ĉe la akceptejo li ordonis kontakti la numeron de la papereto. Post la kvina aŭ sesa klopodo, ŝi sukcesis konektiĝi kaj donis la aŭdilon al mi. Post la necesaj *klikklakaj* bruoj mi rekonis la voĉon de mia granda "amiko", la adjudanto.

"Aŭskultu, knabo, mi scias nenion, mi kun forta gripo kuŝas en la lito, mi klopodos por atingi vian kapitanon."

Denove poste la neeviteblaj "klikklakoj" kaj jes: mia kapitano!! Post miaj klarigoj pri la aĉa situacio sekvis preskaŭ 30 sekundoj da silento. Senpere sekvis serio da antverpenaj blasfemoj ne taŭgaj por infanoreloj. Feliĉe poste:

"Komprenu, gardisto, ke la vojoj pro ĉi vetero estas glitigaj kiel spegulo, neniu povis antaŭvidi tiun ĉi situacion kaj ne eblas veturigi ŝarĝitan kamionon kiu krome tiras kanonojn. Sed bone, se mi ne sukcesos sendi provizanton, mi aranĝos ion kun la angla kompanio tie."

Mi diktis la liston de la plej necesaj bezonataĵoj. Li volis scii nur, kial mi bezonis tiom da koaksokarbo.

"Restu kie vi estas kaj donu la anglan oficiron."

Post sufiĉe longa parolado, la kapitano geste petis sekvi.

"Sinjoro", diris la altrangulo, "sekvu min, mi regalos vin per sandviĉo kaj kafo, ni atendu la respondon de via komandanto."

Fine, post du horoj, venis la mesaĝo:

"Reiru al la tendaro kaj atendu. Mi trovis du volontulojn kiuj venos. Ili venos per larĝa kamiono kun specialaj pneŭmatikoj."

La oficiro afable akompanis nin ĝis la aviaj kurejoj. Tie ni amike adiaŭis kaj li aldonis, ke se necesas, ni revenu. Mi ne kuraĝis peti la duan parton de la pasvorto. Apenaŭ ni daŭrigis kviete paŝi laŭlonge de la aviaj kurejoj, kiam ni, el la direkto de nia kampadejo, aŭdis pafserion. Kiel eble plej rapide ni kuris en la kampadejon laŭ la aviaj kurejoj. Senspire ni atingis la tendaron. Tie staris, kun la kruroj disaj, Maŭrico, kun la ankoraŭ fumanta Vigneron[18] antaŭ la brusto, preta por akcepti la sekvan malamikon.

---

18   La armilo *Vigneron* estas maŝinpistolo produktita en Belgujo en la kvindekaj jaroj de la 20-a jarcento. La belga armeo uzis ĝin ĝis fine de la 80-aj jaroj. Ĝi taŭgis por mallongdistancaj bataloj.

Li mortpafis junan apron, kiu spasme perdis la lastajn likvaĵojn el la korpo. Kion fari?

"Purigu la armilon kaj poste donu la kulason al mi."

"Sed, gardisto! Kion mi faru se venas aliaj aĉaj bestoj?"

"Malfermu vian buŝegon kaj rakontu spritaĵon, ili tuj forkuros. Ene de duonhoro mi inspektos la purigitan armilon sen la kulaso. Tiun vi donos al mi. Nun, for!"

Kompreneble mi ne povis nei tiun ĉi faron kaj notis la detalojn. Kaŝi la aferon mi ne intencis, cetere mi subskribis dokumenton, kiam mi ricevis la kuglojn. Do, aŭ mi redonos la ĝustan nombron da kugloj, aŭ mi prezentu raporton pri kiu uzis ilin kaj kial. Ĉar la provizoj certe ne alvenos frue, mi klopodis por kunmeti tag- kaj vesper-manĝon. Johano helpis kaj proponis prepari parton de la juna apro.

"Bone, Johano, ĉu vi preparos ĝin? Kiu senhaŭtigos kaj forigos la digestaĵojn?"

Gerardo iam vidis kiel oni faras tion: li intertempe jam senhaŭtigis la beston.

"Ni iru, ĉar mi konas la plej delikatajn partojn kaj ni klopodos por prepari tiun viandon."

Mi venis en la bona momento, ĉar nia kara Maŭrico estis preta por forporti la intestojn.

"Hola, Maŭrico, kion vi intencas fari?"

"Mi forĵetos tion malantaŭ kelkaj arboj."

"Ne, ne. Vi havas la materialon por fosi truon de almenaŭ 50 centimetroj, en kiun oni forĵetos ĉion, kion ni ne bezonos. Poste, tuj rekovru la tuton. Ne forgesu ke post la degelo tio aĉe putros kaj ni aŭ aliaj aviadilpafistoj venos. Maŭrico, fosu la truon, sed kara, antaŭ ol ĵeti la rubaĵojn en ĝin, voku min. Notu, ke tio estas nur la unua, milda parto de la malfacilaĵoj, kiuj verŝajne sekvos post la raporto ĉe la komandanto."

Mi severe parolis, por ke ili ĉiuj klare komprenu, ke mi certe ne permesos duan senrespondecan uzon de la mitral-pistolo.

La nova provizaĵo alvenis nur ĉirkaŭ la 20-a horo. La aŭtomobiloj de tiu tipo ne havis hejtilojn. La volontulojn, tremantajn pro malvarmo, ni sidigis apud nia centra koaksoforno. Ili certe ne povus reveturi la saman tagon. Bone varmigitaj, ni kune singarde paŝis al la aerocentro. Denove la sama gardisto haltigis nin, sed feliĉe li tuj rekonis min. Li salutis kaj kun la sama rideto malfermis la pordon. Ĉe la akceptejo sidis nun juna bluĉemizulo. Mi petis rendevuon kun la kapitano Richard Keeton. La komunikado kun la 31-a fluege finaranĝiĝis; la volontuloj dormu ĉe ni, ne gravas kiam ili ekveturos, ili zorgu nur pri sekura reveturado. Mi informis la kapitanon. Denove li akompanis nin ĝis preskaŭ duonvoje de la aviaj kurejoj.

Fariĝis etosplena vespero, ĉar la volontuloj, Prospero kaj Janĉo, alportis sufiĉe da biero por la tuta semajno. Mi taskis denove Johanon pri la kontrolo de la stoko kaj la maksimumaj porcioj tage por ĉiu trinkemulo. Kion mi ne sciis en tiu momento: Maŭrico aĉetis la porciojn de tiuj, kiuj ne trinkis sian porcion. Mi sciis tion nur kiam ni hejmenveturis. La sekvontan sabaton alvenis nova gardskipo, kies respondeculon mi informis pri ĉiuj detaloj. Mi ne parolis pri la apro, sed jes pri la kontakto kun la angloj kaj kiel kontakti la kapitanon. La kompatindulo eĉ ne balbultis la lingvon de Ŝekspiro. Espereble li ne bezonos helpon.

Mi petis ĉeesti la esplordemandadon pri la raporto de la pafado sur la apro. Tio okazis en la oficejo de la kapitano de nia A-plotono. Mi bone memoris la sintenon de Maŭrico. Li staris kiel fortegulo kun la pafilo antaŭ la brusto, sed la amikoj atestis, ke li ege panike reagis. La kapitano rigardis min demande. Nu, ja, mi ŝultrotiris kaj diris, ke mi ne ĉeestis kaj ke tio estis la komuna atestaĵo de la ĉeestantoj.

"Nu bone, malgraŭ la specialaj cirkonstancoj, mi nepre decidas pri semajno da malliberejo, pro la nepravigebla sinteno. Li povintus trafi la aliajn. Kion vi pensas, junulo?"

"Ka-ka-kapita-ta-no, sed tio signifas, ke la duoblon, do du semajnojn pli malfrue mi povos forlasi la armeon post mia normala tempo[19]."

La kapitano rigardis min, kaj mi bone komprenis, ke ambaŭ pravis, sed mi diris:

"Maŭrico, mi konsilas akcepti la punon. La kapitano jam malavare akceptis la proponon pri la nuna proceduro. La normala proceduro estus ke la proceso okazas ĉe la komandanto de la distrikto, kun la necesaj proceduroj kiujn vi ne komprenos. Viaj kamaradoj estos alvokitaj unu post la alia. Se oni malkovras ke ili mensogis, ankaŭ ili estos punataj pro falsaj atestoj. Krome estu certa ke la puno fariĝos minimume la duoblo de nun. Do akceptu, ĉar se vi malaceptas, vi devigas la kapitanon elekti la aĉan proceduron."

Maŭrico prenis la naztukon kaj tion mi ankoraŭ ne vidis: li ploris. Kun la kapo inter la ŝultroj, li tamen dankis kaj forlasis la ĉambron.

"Jozefo, mi ankoraŭ povus rakonti multajn agrablajn kaj malpli agrablajn aventurojn kun tiuj knaboj, sed mi ne deziras enuigi vin."

"Ne, Edvardo! Daŭrigu, mi petas. Ni rekaptos tiun tempon poste."

---

19 Dum paca periodo, se militisto ricevas punon de malliberejo (en la propra kazerno), la regularo aldonas la duoblon de la servotagoj post la fino de la oficiala periodo. Do en la kazo de Maŭrico li servos 18,5 monatojn.

"Nu bone, sed poste ne plendu. "

La bovinoj

Dum manovro ni profesie instalis nian kanonon, nokte, meze de paŝtejo. Ni bone kamuflis la tuton per branĉoj, kiujn ni tranĉis ĉe apuda arbareto. Ni simple dormis en la bone kaŝita kamiono. Frumatene kamparano alproksimiĝis per biciklo kun ĉareto plenplena je malplenaj laktujoj, eĉ ĉe la stirilo pendis ujoj. Li haltis kaj rigardis la novan arbuston, gratis la orelojn. En tiu sama momento la radio anoncis "*Action*! *Action*!"[20] La skipo rapidege forĵetis la kamuflaĵon ĉirkaŭ la kanono. Apenaŭ la skipo pretis, kiam la unua aviadilo ege proksime superflugis dum mi komandis "Pafu!"

La tuta sceno daŭris nur kelkajn sekundojn; dume mi vidis la kompatindan kamparanon timege rondrigardi, subite li desaltis kaj faligis la biciklon, kiu kun laŭta ujoserenado terenfalis. Li kvazaŭ ĉirkaŭdancis kaj per kriaĉoj forkuris. La kompatindaj bovinoj nepre bezonis esti melkitaj. Denove Johano solvis la problemon: li instruis nin kiel melki, ni verŝis la lakton en la ujojn kaj mem abunde profitis de la freŝa lakto. Posttagmeze, akompanata de du *Feldwächter*[21], la

______

20 *Action*: alvokas la soldatojn tuj prepari sin por atako.
21 Kamparaj policistoj.

kamparano revenis. Intertempe ni remetis la branĉojn. La du homoj tuj komprenis la situacion kaj laŭtege ridegis. Mi klarigis, kion ni faris per la lakto. Ili diris al la timemulo fini la melkadon kaj laŭte ridante forbiciklis.

Tri kanonoj 40 mm

La vojo

Vi scias, ke la funkciigantoj de la kanono nepre devas koni la diferencon inter amikaj kaj malamikaj aviadiloj; krome ili devas scii, kion ili defendas, do la postan lokon de nia materialo, kiu estis la vojo inter la urbetoj Rever kaj Riversheim. Roberto kaj Maŭrico ne kapablis enkapigi la nomojn de la urboj. Sed vidu, tiam furoris la kanto *Down by the Riverside* kun *Louis Armstrong,* kies melodio perfekte kongruis por uzi la tekston "inter Reder kaj Riversheim". Tio bone helpis. Iom poste kelkaj oficiroj venis inspekti nian pozicion dum mia skipo en rigida milita pozicio silente atendis. Ili ĝisfunde kontrolis la materialon kaj la instaladon, eĉ kontrolis la nivelon de la kanono. Ŝajne ili ne trovis mankojn. La akompananta leŭtenanto metis sin antaŭ la atendantoj kaj diris:

"Kiu povas informi min, kion vi faras ĉi tie kaj kion vi protektas?"

Tuj, sen hezito, la du analfabetoj metis sin en *garde-à-vous* [22] kaj laŭtvoĉe kantis la lernitajn tekstojn laŭ la tonoj de Louis Armstrong! La oficiroj turnis sin abrupte kaj preskaŭ forkuris. Mi gratulis miajn kantistojn. Mi bone sciis, ke ili savis la situacion.

Mi tiam malofte havis ferion kaj mi estis ege dankema pri la regulaj novaĵoj el la hejmvilaĝo. Ĉu hazardo ekzistas? La pli altranga suboficiro, kiu okupiĝis pri administraj kaj feri-aferoj, proponis al mi tuj ferii dek tagojn. Dum kvar monatoj mi ne plu feriis, do kompreneble mi tuj akceptis la bonvenan proponon.

Ekzistis nek poŝtelefonoj nek komputiloj. En la sama nokto mi trajnis al Antverpeno. Mi alvenis en mia vilaĝo *Schoten* [*shóten*] en la ĝusta tempo por surprizi mian karuli-non ĉe la elirejo de ŝia laborejo. Mi atendis ŝin iomete for de la elirejo. Kiam ŝi forlasis la laborejon, ŝi rekte direktiĝis al alia junulo, kiu klare atendis ŝin. Ili intime kisis kaj paŝis en

---

22 Garde à vous! [*gardavú*] Atentu kaj staru fikse!

la direkton de la jam konata aleo. Ŝtele mi sekvis ilin. Dum ili kviete kisegis sur benko, mi demonstre preterpasis, milit-salutis kaj daŭrigis la vojon, dum mi fajfis gajan melodion. Mi kontaktis la fraton de *Jose* por koni la kaŭzon. Li senĝene diris, ke li konsilis ŝin ne daŭrigi rilaton kun gejo. Konfuzite mi iris al la trinkejo de la kultura asocio, kie mi konsumis plurajn *Triple Trapistojn*.[23] Mi poste bonege dormis. Denove pro respekto kaj timo mi estis rifuzinta koiti kun *Jose*[24]. Mi konkludis, ke baldaŭ mi finos la militservon same kiel mi ĝin komencis – sen amikino. Hieraŭ mi ricevis ŝian lastan amleteron …

La letero

Post la malleviĝo de la flagoj la vesperon post la manovroj, Maŭrico tiris mian manikon:

"Gardisto, mi ricevis leteron de mia fianĉino."

Kvazaŭ mi ne scius tion, li daŭrigis:

"Mi ne kapablas legi ĝin kaj mi ne fidas la aliajn. Ĉu vi volas helpi, ĉar mi deziras respondi."

---

23   La Trapistoj; monaĥoj, kiuj akceptas la ege severan regularon de tiu monaĥordeno. Unu el la taskoj de la monaĥoj estas kartavi fortan bieron de 9,5° alkoholo.
24   La kontraŭkoncipa pilolo kaj la post-matena abortiga pilolo ankoraŭ ne ekzistis, cetere vidu la piednoton n-ro 5.

"Kompreneble, kara, mi certe ne diskonigos ion pri nia parolado al la aliaj. Mi vidos vin post 30 minutoj ĉe la ĉambro de la militpastro; ĉe la enirejo troviĝas hejmeca salono."

Maŭrico envenis kaj jam retrovis sian klasikan stilon. Kun granda gesto li enmanigis al mi la faman leteron.

"Sidiĝu."

Mi proponis skatoleton da biero, kiun mi kunportis. Sen diri ion plu, mi enprofundiĝis en terura lingvaĵo. Ĉu vere juna virino skribis tion? Kaj ĉu tion mi nun devos laŭtlegi? Nu bone, mi akceptis, do jen:

"Kara fekulo, Estonte ne plu tiom forte premu miajn mamojn; viaj fingrospuroj daŭre restas. Mia panjo koleris kaj diris ke vi viŝu estonte vian spermon per via naztuko kaj ne per mia subjupo. Revenu kiel eble baldaŭ, al mi mankas via rigida knabo."

La respondo kiun li diktis, estis samstila. Mi petis lin reskribi mian tekston. Li petis nur skribi la adreson sur la kovrilon. Eĉ ne dankante, li foriris. Ankoraŭ dufoje mi faris tiun aĉan korespondadon. Kiel li, post mia foriro, solvis la problemon, mi ne scias.

"Kaj nun, kara leŭtenanto, ni eku, ĉar mi ne ŝatas veturi nokte en la kamparo."

"Jes, Edvardo, vi pravas, sed mi tamen havas ankoraŭ peton. Ĉu ĉi-vespere en la hotelo, vi pretos pruntedoni vian militistan libreton al mi dum iom da tempo?"

"Jozefo, mi cent-elcente fidas vin, cetere kial rifuzi? Se vi ordonas tion, vole aŭ nevole mi devas obei."

"Jes, jes, mi scias ke vi konas la regularon, sed mi demandas tion amike. Edvardo, estas nia lasta vespero kune, kaj morgaŭ vi certe veturigos min al la stacidomo. Mi esperas, ke ni ne havos akompanon, ĉar mi ankoraŭ deziras diri ion al vi, kiel adiaŭo."

Fariĝis agrabla amikeca vespero. Ambaŭ ni ŝatis la bonan, germanan bieron, sed nek li, nek mi, ŝatis ebriiĝi, nu jes, vidu, sufiĉe por iomete liberigi la langon. Dume li rakontis historiojn de la propra junaĝo kaj ankaŭ pri sia pasio studi. Li havis vere larĝan gamon da interesiĝoj. Ha, tie ni nin renkontis kaj mi rakontis la aventurojn muzikajn kun kapitano Maŭrico. Lia buŝo malfermiĝis, ĉar li ne nur sciis pri la planoj kaj pri la muzika migra vojaĝo por la kazernoj de Germanujo. Li ankaŭ estis ĉe la diservo de Maŭrico, ĉar li bone konis la familion.

"Sed kara, vi do estis la violonisto? Kia hazardo, gratulojn. Sed diable, tio aldonas demandon al mia listo."

"Senkulpigu, Jozefo, mi lacas nun. Bonvolu, mi ŝatus enlitiĝi. Bonan nokton kaj matene estu denove preta por la novaj defioj."

"Same al vi. Morgaŭ mi redonos vian militan poŝlibreton. Ĝis."

La reveturado al la kazerno fariĝis ege silenta. Mi rimarkis, ke li profitis de tiu silento por multege noti en kajero. Ja mi sciis, ke post lia reveno en Bruselo li certe ne ferios, ĉar li devos prepari la tekston, kiun li prezentos kaj klarigos al komisiono. La anoj de la komisiono poste ne nur ricevos la raporton, sed ankaŭ rajtos pafi demandojn pri detaloj.

Sufiĉe frue mi devis veturigi lin al la stacidomo, sed li petis min forveturi almenaŭ unu horon pli frue. Bona ideo, tiel ni ankoraŭ povis iom babili ĉe la aromo de la kafo en la stacidoma trinkejo. Jam je la sesa matene ni sidis ĉe la bufedo.

"Edvardo, diru unue, kial vi elektis fariĝi rezerva suboficiro anstataŭ oficiro?"

"Se mi devas rakonti tion, ni ne nur bezonus horon, sed almenaŭ tri tagojn. Notu nur, ke mi eklaboris jam ekde kiam mi estis apenaŭ 14-jara, kaj danke al mia kono de la franca lingvo, mi akiris akcepteblan postenon. Ankaŭ danke al la vesperlernejoj kaj memstudo ktp mi akiris la mezlernejan diplomon. Tio pere de la oficiala ĵuria instanco, kiun ni kutimas nomi *Middenjury*, ankaŭ nomata 'duaŝanca lernejo'. Post la militservo mi intencas sekvi trijaran kurson pri reklamo."

"Alia tikla demando: kiel vi sukcesis pluvivi la ses monatojn de la lernejo en Lombardsijde sen ajna negativa rimarko aŭ puno? El Bruselo mi venigis per telefakso viajn raportojn de via periodo tie. Kaj mi jam konas la heroan rezulton de la 16 kilometroj. Strangaĵo: vi alvenas ĉe Rheinbach kaj tie sukcesas dum viaj naŭ monatoj 'kolekti' 88 tagojn da policoĉambro kaj 24 tagojn de ĉambropuno."

"Kara Jozefo, kredu aŭ ne, sed jen ..."

Mi rakontis la tutan historion de la venĝoj de la adjudanto kaj de la sekvoj.

"Ĉu vi scias, ke oni eĉ, pro protesto, pendigis la maskotojn, du cikoniojn, al la pinto de la flagmasto anstataŭ la flagon? La adjudanto konvinkiĝis, sen ia pruvo aŭ atesto, ke mi organizis tion. Imagu, mi bestamikego!"

Decideme mi aldonis:

"Sed notu bone ke, sendepende de miaj aĉaj spertoj ĉe la 31-a bataliono, kiamaniere klarigi ke ni alvenis tie dekduope kiel kandidataj rezervaj suboficiroj, kaj ke post naŭ monatoj nur tri ricevis la enoficigon? Alvenis samtempe ok kandidatoj kiel rezervaj oficiroj kaj ankaŭ tie nur tri ricevis la gradon. Imagu kia ruino, kvin perditaj oficiroj kaj naŭ suboficiroj. Kion fari? Sed mi ne povas akcepti tion. Kara, aŭ la antaŭelekto en Bruselo ne taŭgas, aŭ la lernejo en Lombardsijde ne estas kapabla aŭ fine, la 31-a artileria kompanio estas en malkapablaj manoj. Nu, mem elektu!"

La vizaĝo de Jozefo ŝanĝiĝis al acida grimaco. Post longa silento, dum kiu la trajno al Bruselo jam forveturis. Li, post iom, rektigis la dorson kaj afable rigardis min:

"Edvardo, mi ne volas ke vi forlasos la armeon kun aĉaj sentoj. Nek la armeo, nek vi, meritas tion. Mi promesas profunde kontroli kaj kontroligi la tutan situacion, kaj se vi pravas, se la ciferoj de la kandidatoj estas ĝustaj, mi promesas kompensi kaj rehonorigi vin pro la maljustaĵoj."

"Dankon, Jozefo. Mi ne celas tion, sed ne forgesu la aliajn viktimojn. Kaj nun, kara, kiel klarigi mian malfruan revenon en la kazerno?"

Rapide li skribis mallongan leteron, metis ĝin en koverton kiun mi mem lekis kaj fermis. Horon poste li forvojaĝis al Bruselo. Neniam plu mi revidis lin. En la kazerno mi donis la leteron al la adjudanto. Li rapide legis ĝin kaj diris:

"Bone, sufiĉe da libera tempo, prenu tuj la limuzinon de la kolonelo, li atendas vin post kvaronhoro. Vi hazarde bone elektis la tempon por reveni. Poste mi volas vidi vin, ĉar mi ankaŭ bezonas raporton pri via tempopasigo de la pasinta periodo."

Tuj mi metis la VW-on en la garaĝon kaj prenis la Volvo-n de la kolonelo. En perfekta teniĝo kun pura uniformo mi min anoncis ĉe mia granda ĉefo. Kelkajn minutojn poste mi veturis per aŭtomobilo, plenplena je oraj steloj, al la stacidomo, kie ili, unuaklase, forveturis al Bruselo. Restis al mi nur hejmen veturigi la rimarkinde lacan kolonelon.

Mi supozas, ke en Bruselo bombo eksplodis. Du semaj-nojn poste, kiam mi prezentis ampleksan raporton al la adjudanto, li afable rigardis min kaj diris:

"Edvardo, gratulojn, mi ne scias kion vi rakontis al la leŭtenanto, sed ŝajnas al mi, ke ia uragano preterpasis Bruselon. Mi esperas ke bonaj konkludoj sekvos. Ha jes, mi ricevis fakson de la centra oficejo, vi jam denove estas kaporalo[25]. Tion mi neniam, en mia longa kariero, spertis ke, jam dum la normala servotempo, la armeo iam iun rehonorigis. Korajn gratulojn! Cetere mi jam ricevis raporteton fare de la leŭtenanto pri via sinteno kaj kapablo dum kaj post la manovroj. Ĝi estas de A ĝis Z granda laŭdo al via adreso."

Mi rapidis al mia ĉambro por rekudri la du rekaptitajn liniojn, de mia grado, sur la dekstra maniko. Tiun tagon la kutima ŝoforo de la kolonelo revenos, sed la ŝoforo de la dua militestro forestos du semajnojn. Do kiam li revenos, restos apenaŭ semajno kaj … la fino de 18 longaj monatoj. Fine de la du semajnoj, la kapitano taskis min alporti dokumentojn al alia kazerno je nur 40 kilometroj. Ĉe la enirejo de la kazerno staris du arme-policistoj, kaj ĉe la barilo mi devis halti por montri la paperojn al la gardisto. La du certe bone vidis, ke mi estis sola. Mi forveturis kun aliaj freŝaj paperoj. La du arme-policistoj staris nun malantaŭ la angulo kaj mansvingis por haltigi min. Mi malfermis la fenestron kaj atendis.

"Paperojn mi petas!"

---

25 Kaporalo estas la plej malalta nivelo de suboficiroj.

Ne dirante vorton, mi donis la necesajn paperojn.

"Forlasu la aŭtomobilon!"

"Kial?"

"Ĉar mi ordonas tion."

"Ĉu la paperoj ne taŭgas? Nu, diru kio okazas, mi transportas paperojn, gravajn aŭ ne, mi ne scias. Ili estas por la komandanto en Kolonjo."

"Ĉu vi rifuzas elaŭtiĝi?"

Kontraŭvole, mi forlasis la aŭtomobilon kaj kunprenis la koverton, samtempe dirante:

"Mi ne scias, kion vi serĉas, sed ĉu mi aspektas dubinda?"

"Kial vi ne surhavas la zonon de la uniformo?"

"Kiam mi ŝoforas, mi neniam surhavas ĝin, pro medicinaj kialoj."

Mi montris la freŝdatigitan paperon subskribitan de la kuracisto. Lia kapo iom post iom ruĝiĝis.

"Vian identigilon!"

"Ha, ha, ĉu vi pensas, ke mi havas du ekzemplerojn? Vi mem havas ĝin en viaj manoj."

"Tio estas la paperoj de la aŭtomobilo."

"Ha bone, nu ja, tiam, por plezurigi vin, mi estas do aŭtomobilo."

Nun lia vizaĝaĉo riskis eksplodi pro subpremita kolero. Li tamen nenion diris kaj iris al la aŭtomobilo mem kun miaj paperoj. Revene, li kolere ĵetis la paperojn tra la malfermita fenestro kaj foriris. Mi restis surloke kaj ne moviĝis. Post iom da tempo li denove rigardis min:

"Kion vi atendas, obstinulo?"

"Unue, vi ne ordonis forveturi, due mi ŝatus rehavi mian pasporton, kiun vi metis en la maldekstran poŝon de via bluzo."

Li donis la dokumenton al la alia policisto, kiu ege kviete redonis la dokumenton. Tiu eĉ salutis kaj amike aldonis:

"Forveturu kaj estu prudenta."

"Dankon!"

Du tagojn poste la adjudanto vokis min en sian oficejon.

"Edvardo, kio okazis, ĉi tie mi ricevis tondran raporton de la milita polico?"

La adjudanto donis la raporton, kiun mi tuj legis kaj relegis.

"Ĉu vi havas rimarkojn? Ĉar tiam mi devas resendi ĝin."

"Jes, mia adjudanto, plurajn. Unue tiu raporto ne estas por mi, nenie mi vidas mian nomon."

"Kion vi diras?"

"Jes, ĝi estas por iu sinjoro *Raets* kun *ae* kaj mia nomo estas *Raats* kun duobla *a*. Krome la naskiĝtago ne estas la 27-a, sed la 17-a de Novembro. Mi ankaŭ notas, ke la teksto abundas je lingvaj eraroj. Aliajn rimarkojn mi ne havas, ĉar laŭ tiu ĉi papereto tio ne koncernas min, do mi tute ne scias kio okazis."

La historio fariĝis amuza, ĉar ankoraŭ ne finiĝis. Denove kelkajn tagojn poste la kolonelo vokis min:

"Edvardo, mi ricevis rekte al mi adresitan raporton, pri via nekutima sinteno dum komisio."

Li donis la raporton kaj samtempe ordonis sidiĝi. En la blanka marĝeno de la dokumento staris en ruĝa inko: "Tio nepre bezonas severan punon". Krom kelkajn lingvajn anomaliojn kaj amason da malveroj, mi ne trovis ion.

"Nu, Ed?"

"Permesu, la dokumento abundas je mensogoj. Sed mi komprenas la tiklan situacion, se vi ne punas aŭ trovas kredindan kialon ne fari."

Kaj mi jam mem surpaperigis la tutan historion kaj montris ĝin al la komandanto. Dum legado li eble dekfoje sulkigis la frunton. Li flankenmetis la paperon, profunde spiris, kaj fikse rigardis min.

"Mi pensas, kolonelo, ke mi havas lertan kaj kontentigan eliron."

"Diru."

"Hodiaŭ estas merkredo kaj la venontan vendredon miaj 18 monatoj finiĝos. Pensu, ke pro tro da laboro vi nun ne havas la tempon okupiĝi pri tiaj bagateloj. Nu, kaj lundon, ha jes, Edvardo estas denove civitano. Kion vi pensas?"

Li ruĝiĝis kaj rideksplodis. Fine li sukcesis diri:

"Stariĝu!"

Li ceremonie ekstaris ankaŭ kaj salutis kaj prenis mian manon kiun li forte skuis.

"Edvardo, estis honoro havi vin en nia kompanio, fartu bone kaj restu la sprita, ĝoja pozitivulo kiun mi konas. Ĝis!"

"Estis plezuro kaj honoro servi vin. Dankon pro la belaj tagoj ĉe vi kaj la unuo. Estu sana kaj feliĉa kaj bonvolu pludoni miajn sincerajn salutojn al via bela familio. Ĝis!"

Ĵaŭde vespere post la ĉiutaga klarionmelodio kiu ordonis mallumigi kaj enlitiĝi, mi staris ĉe la fenestro. Per buŝharmoniko mi laŭte ludis konatan melodion, kiun ĉiuj soldatoj kantas, kiam ili definitive malmobiliziĝas. Post la lasta noto, tondra aplaŭdo kaj krioj sekvis, ĉar mi ne estis la nura, kiu morgaŭ montros la dorson al la kazerno kaj al la soldata vivo.

La postan jaron mi ricevis leteron de la armeo. Rapide mi malfermis ĝin, ĉar ie mi timis pro eventuala *Rappel*[26]. Sed tute ne, kontraŭe, mi ricevis agrablan dokumenton kaj atesti-

---

26 *Rappel*: Post la normala servotempo la armeo rajtas realvoki plurfoje la rezervistojn al la armeo por partopreni en manovroj aŭ instrui ilin pri diversaj novaj teĥnikoj ktp.

lon. Mi fine akiris la efektivan gradon de gardisto (serĝento). Aldoniĝis karto de la, intertempe, kapitano Jozefo! Kun intervalo de du jaroj la nivelo de miaj gradoj kreskis al 'unua gardisto ĝis unua gardisto unua klaso'. Kredu aŭ ne, mi plezure kudris la kvin liniojn sur la manikojn de tio, kio restis de mia uniformo. Jozefo plenumis sian promeson. Neniam plu la armeo revokis min per *Rappel*.

La kaŭzon de la kompleta malfondiĝo de la 31-a kompanio mi neniam sciis, sed la modernigo de la foruzita materialo kaj sistemo favore al la elektronikaj teĥnikoj estis certe la plej grava. Niaj per krankoj kaj celkradoj ekipitaj 40 mm-aj kanonoj, kiujn la belga armeo konfiskis post la dezertobatalo en Afriko dum la dua mondmilito, estis pretaj por la fergisejo.

Marta

Pli ol jaron poste, Marta fariĝis mia nova amikino. La kultura sekcio de la organizaĵo de grandnombraj familioj prezentos kun loka ĥoro opereton kaj ili bezonis muzikistojn. La ŝajne kapabla, ne profesia reĝisoro estis profesia farbisto. Li posedis malgrandan butikon de farbo. Marta estis la filino de la reĝisoro. La familio estis konvinkitaj rom-katolikoj. Post nelonge li malkovris nian rilaton kaj tuj severe malpermesis al ŝi havi kontakton kun mi. Ŝi do ĉiam bezonis kialon por foresti kaj ofte devis klarigi, kie ŝi estis. Feliĉe ŝi havis bonegan amikinon, kiu pretis helpi. Eble la hazardo helpis. La gepatroj rezervis vagonaran vojaĝon al la mondfama pilgrimejo *Lourdes* (Lurdo). Ŝia tasko estis zorgi por la infanoj kaj la butiko. Vespere post la fermo de la butiko, kiam la infanoj dormis, ni havis la lukson esti solaj. La granda frato militservis kaj forestis dum almenaŭ du semajnoj, do ankaŭ li ne ĝenos. Tamen denove tiu bela okazo fariĝis fiasko, pro la sama kialo kiel ĉe la aliaj. Mi ne volis riski ke ŝi gravediĝu. Ŝajnis al mi, ke la virinoj ne volis kompreni mian honestan sintenon. Denove la frato diris ne plu serĉi kontakton kun ŝi: ili ne volis gejon en la familio.

La fino de tiuj gajecaj historioj tamen estas, ke mi estas la feliĉa patro de ses infanoj, avo de dek du genepoj kaj kvin pragenepoj. Nu, kiel gejo, mi bone laboris, ĉu ne?

Het MAS, Museum Aan de Stroom

Ankaŭ alia frapa konstruaĵo, kiun mi rimarkas tra la fenestro de la sesa etaĝo, estas la riĉa kaj nova muzeo *"Het MAS - Museum Aan de Stroom"* (Muzeo apud la riverego). Ĝi estas kubforma kaj per la ruĝ-bruna koloro videbla de malproksime. Por listigi la riĉaĵojn de tiu ĉi muzeo mi bezonus apartan libregon. Kial ĝi tamen vekas mian memoron? Pro tute aliaj kialoj kaj eĉ ne rilataj al mia amata urbo. Jen: vid-al-vide de la MAS troviĝas kelkaj loĝejblokoj. En unu el tiuj loĝejoj loĝas amika paro: Evelino (Evi por la amikoj) kaj Henko. Henko estas gravulo ĉe grandega malsanulejo en Amsterdamo (Nederlando) kaj estas nederlandano; ŝi estas flandra flegistino kaj krome fama artistino. Mi ege ŝatas kaj altestimas ŝian laboron.

La tuta historio ekis en la aŭstria montaro. Mi skiferiis kaj la skikondiĉoj estis bonegaj. Ĉe la skilifto mi ne estis la unua, sed ja, tamen la dua en la vico. Post kelkaj horoj da skiado-plezuro, mi rimarkis restoracion kun granda teraso. Mia stomako ordonis halti ĉi tie. Mi malligis la skiojn kaj rondrigardis por trovi sidlokon. Diable, neniu libera tablo. Mi vidis liberan seĝon kaj ĝentile demandis ĉu mi rajtas okupi la sidlokon. La paro, kiu jam okupis la tablon, kun la nazo ĉieldirekte malafable diris, ke mi ne estas bonvena. Alia paro, kiu sidis ĉe apuda tablo, tuj reagis en la nederlanda "Sinjoro, prenu la seĝon kaj sidu ĉe ni." Ili tuj flanken ŝovis siajn seĝojn por doni spacon por la mia. Sen ajna rigardo al la malafabla paro, mi prenis la seĝon kaj metis ĝin ĉe la afabluloj.

"Koran dankon pro via afabla invito, mi nomiĝas Edvardo."

"Kaj vi estas antverpenano, tio bone rekoneblas. Mi estas Evi kaj li estas Henko – agrable ekkoni vin."

"Jes! Danke al via afableco mi trovis belan lokon en la suno ĉe afablaj homoj."

Kaj jes, mi konsciis, ke mi nepre atentu kaj devis raboti mian dialekton.

"Mi naskiĝis kaj kreskis en Kortrijk en Okcidenta Flandrujo," Evi diris.

"Ankaŭ de tiu provinco mi bone konas la dialekton. Jes, estas aparta historio. Vidu, mi havis la bonŝancon transvivi la militon en Svislando, kie mi alvenis kiel kvarjaruleto. La Ruĝa Kruco transportis min tien pro tuberkulozo-makulo en la maldekstra pulmo. Kiam mi fine de la jaro 1945 hejmen revenis, pro sekureco la familio intertempe transloĝiĝis, ĉar Antverpeno kun sia haveno estis tro danĝera. Miaj patrino kaj gefratoj loĝis en malgranda vilaĝo en Okcidenta Flandrujo. Kaj mia internejo kaj mezlernejo estis en via urbo, nome en Kortrijk. Paĉjo forpasis en Aŭgusto 1945. Panjo, denaska antverpenanino, nepre volis reveni al sia urbo."

Post la manĝo, babilado kaj ripozo, mi sciis, ke ili estis kapablaj skiantoj, tamen estis la unua fojo ke ili venis ĉi tien por skii. Ili ankoraŭ ne konis la diversajn eblecojn de la grandega skiregiono. Ili volonte akceptis, ke mi ĉiĉeronu. Tiu hazarda kontakto fariĝis la komenco de stabila amikeco, kiu poste nur kreskis. Ili ankaŭ havis domon proksime de la flughaveno de Amsterdamo. Tiel Henko ne ĉiutage devis veturi al la antverpena loĝejo.

Evi kelkfoje vizitis nin kaj inverse. Foje mi plendis, kiom malfacile estis trovi iun por ilustri la kovrilon de nova libro. Intertempe ŝi jam konceptis plurajn kovrilpaĝojn de miaj verkoj. Ŝi denove tuj akceptis skizi la kovrilpaĝon de tiu ĉi libro.

Ege proksime de la insuleto[27] kie nun do troviĝas la MAS-muzeo, estas la sekaj dokoj. Tie oni konstruas aŭ riparas grandajn ŝipojn. En tiu periodo mi loĝis en vilaĝo norde de Antverpeno, kiu nomiĝas Ekeren[28]. Do la unuan de Januaro mi fariĝis antverpenano. Ankaŭ mia antaŭa vilaĝo, Deurne, fariĝis subkomunumo de Antverpeno. Do fine en la jaro 1977 mi fariĝis vera "sinjoro". "Sinjoro" estas la fiera kromnomo de la purrasa antverpena loĝanto. Ni estas konataj pro nia dika kolo[29], ironia lango kaj pro tio, ke ni senorname diskonigas nian opinion. Al vizitanto la "sinjoro" fiere montras siajn preferatajn juvelojn de nia unika urbo.

Mi ne nur loĝis en tiu admirinda urbo, mi ankaŭ laboris ĉe la plej grava ĵurnalo de la provinco, nome *Gazet van Antwerpen* (Ĵurnalo de Antverpeno).

Por anstataŭi kolegon, kiu estis longdaŭre malsana, mi ankaŭ laboris ekde sabato frumatene. Tiun sabaton mi frumatene aŭtomobile forveturis al la laborejo en la centro de mia

---

27 "Eilandje" (insuleto) estas la nomo de la kvartalo en Antverpeno, kie troviĝas la muzeo *MAS*.

28 En Belgujo okazis kelkaj kunfandiĝoj de la multnombraj memstaraj komunumoj. La plej impona okazis en la jaro 1977. Tiam la nombro de la komunumoj malkreskis de 2359 al nur 596. La lasta kunfandiĝo okazis en la jaro 2019. Ekde tiam restas 581 komunumoj. Ĉiuj vilaĝoj, kiuj estis memstaraj la 1-an de Januaro 1961, rajtas nomi sin subkomunumo de la nova komunumo, tamen dependas de la nova centra registaro. Ekeren fariĝis subkomunumo de Antverpeno. Antverpeno estas la ĉefurbo de la provinco Antverpeno.

29 "Dika kolo" estas flandra figura esprimo por "tro alta memestimo".

kara urbo. La vetero estis iom mizera, nebulis kaj pluvetis. Kiam mi atingis la malantaŭan parton de la sekaj dokoj, alia aŭtomobilisto venis de mia maldekstra flanko[30], de malsupre de ponteto al la insuleto kie nun troviĝas la muzeo. Mi trankvile maldekstrenigis la aŭtomobilon, sed la aliulo ne sukcesis halti kaj per granda rapideco penetris en la maldekstran flankon de mia kara VW-skarabo[31]. La kolizio estis fortega, mia veturilo rotaciis almenaŭ trifoje kaj fine kraŝis kontraŭ la betona muro de la seka doko.

La rezultoj estis katastrofaj: mia fidela VW mallarĝiĝis almenaŭ 50 centimetrojn. Kaj mi, kvazaŭ fikse tenata en vajco, ne kapablis moviĝi. Doloron mi tute ne sentis, strange, sed bone. Post nur kelkaj sekundoj pluraj homoj staris ĉirkaŭ mia VW. Kelkaj klopo-dis por malfermi la pordon, sed ne sukcesis. Lertulo prenis el sia kofro levstangon. Per tiu ilo li perfortis la pordon, kaj mi ruliĝis teren. Terura doloro en la dorso kaj brusto tranĉis mian spiron. De ege malproksime mi aŭdis la sirenon de la ambulanco.

La kvaran tagon mi revenis en la mondon. Apud la lito staris policisto. Inter la ondoj de strangaj bruoj mi vidis, ke monaĥa flegistino forpuŝis lin de mia lito. La lito staris en cirkloforma salonego, en la mezo troviĝis vitra ejo, ŝajnis gardejo de kie la flegistaro havis bonan superrigardon al la

---

30 En Belgujo la trafiko kiu venas de la dekstra flanko havas la absolutan prioritaton en la trafiko, escepte se trafikindikilo preskribas la malon.

31 Skarabo, kromnomo de specifa rond-tegmenta tipo de *Volkswagen*-aŭto.

15 litoj. Mi havis 31 jarojn, edzinon kaj tri infanojn: Ivo, 9-jara, Inge, 7-jara kaj Peter, 5-jara.

Fratino Francisko, tiel nomiĝis la monaĥa flegistino, regule mezuris mian sangopremon kaj korritmon. Mi min sentis terure malbone, kaj dum la vizithoro mi vidis tra nebulo miajn familianojn plori. *Sœur*, tiel mi nomis ŝin, post kontrolo afable petis la vizitantojn foriri. La singardaj kisetoj de la etuloj plorigis min. Tuj poste du kuracistoj esploris mian ruinigitan korpon. Pene mi demandis al ili pri la damaĝo. La plej juna tuj flustris, dum li metis la montrofingron sur la lipoj:

"Ne plu parolu, escepte en urĝega kazo. Via maldekstra pulmo ne plu funkcias, ĉar tri rompitaj ripoj traboris vian brustan kavon (torakon), tiel vi perdis multe da sango en la propran torakon. Ni translokos vin en apartan privatan ĉambron kaj plialtigos la kapon de la lito."

"Ĉu vi fumas?"

Mi kapneis: mi fumis la lastan cigaredon antaŭ pli ol ok monatoj.

"Bonege, via resaniĝoŝanco kreskas okdek-elcente. Via edzino rajtas viziti vin sen la infanoj. Aliaj vizitontoj bezonos atestilon de la sekcia ĉefkuracisto."

Kaj jes, la sama policisto ricevis la permeson.

"Saluton, sinjoro. Mi starigos kelkajn demandojn. Ĉu vi pretas respondi?"

Mi kapjesis, sed montris, ke mi ne rajtis paroli kaj indikis ke mi pretis skribi. Per la sonorilo mi venigis flegiston. Li tuj komprenis kaj alportis la necesan materialon. Mi surpaperigis tion, kio restis en mia memoro.

La funkciulo, post legado, kontente ridetis.

"Dankon sinjoro, via raporto tute kongruas kun niaj konstatoj. Mi eĉ povas certigi vin, ke la kontraŭulo kulpas cent-elcente. La pneŭmatikoj de lia aŭtomobilo estis foruzitaj ĝis la kanvaso, do en tiu vetero li ne povis bremsi. Cetere dum la surloka esplorado, la trafikspecialisto trovis neniajn bremsospurojn. Krome li ne respektis la prioritatan regularon, kiu donas la prioritaton al la veturilo kiu alveturas de la dekstra vojo."

Li deziris bonan resaniĝon, militsalutis, kaj videble kontente eliris.

La postan tagon, la sekretariino Sinjorino *Margareta Delafaille* de la firmao, kie mi laboris, vizitis min. Ŝi almenaŭ alportis bonajn novaĵojn.

"Saluton, Sinjoro. Mi jam parolis kun la ĉefkuracisto de la sekcio. Vi, pli ol verŝajne, preskaŭ komplete resaniĝos, sed li ne povis aldoni, kiom da tempo vi bezonos. Viaj kolegoj kunlabore faras viajn nepre bezonatajn taskojn, sed tio ne sufiĉas. Hodiaŭ mi dungis oficistinon, kiu ricevis provizoran kontrakton. Ni decidos post via reveno, ĉu ŝi taŭgas aŭ ne, ĉar ĉiuokaze ni bezonas plian helpon en via sekcio."

Ŝi rigardis min afable, kaj videble kontente diris:

"Nun pri la financa aspekto. Ĉar vi akcidentis survoje al la laboro, la asekuro konfirmis sian kontribuon kaj monate pagos okdek elcentojn de via nuna salajro. Krome la estraro decidis, ke la firmao pagos la restantajn dudek elcentojn. Bedaŭrinde pri viaj aliaj perdoj, kaŭzitaj de la akcidento, vi nepre devos atendi la verdikton de la juĝo. Cetere tio estas la respondeco de via propra aŭtomobila asekuro."

La financoj do ne plu okupis miajn pensojn. Mi vere feliĉis pri tiu ĉi solvo. Mia edzino, por kiel eble plej bone eduki la infanojn, forlasis sian laboron ekde la naskiĝo de la unua infano. Kun amo kaj precizeco ŝi plenumis tiujn taskojn, sed pro tio ne povis kontribui al la enspezoj.

Mi povis nur dankeme rigardi la sekretariinon. Mi konis ŝin nur kiel severan, malmolan onklinon, kaj filinon de la ĝenerala direktoro, sinjoro Alfredo Delafaille. Ankaŭ lin, ni nomis 'mallumulo' pro liaj severaj trajtoj. Neniu iam vidis lin ridi. Post la mondmilito 1940-1945, li estis unu el la kelkaj homoj, kiuj travivis tri jarojn da teruraĵoj en la germanaj koncentrejoj. Li kun ruinigitaj sano kaj korpo mirakle revenis. La germanoj deportis lin kaj la prezidanton de la administra estraro, la sinjoron De Haske, ĉar ambaŭ rifuzis disponigi la presmaterialon kaj la tutan infrastrukturon de la kompanio *'NV. Open blik'* ("malfermita vido") interalie la eldonisto de *Gazet van Antwerpen*. La germanoj konfiskis la entreprenon. Pro timo kaj pro la salajro, parto de la personaro restis por labori. Aliaj tute malaperis ĝis la fino de la milito.

La kunlaborantojn oni nomis nigruloj[32]. En la germana koncentrejo, pro mizero kaj malsato, la sinjoro De Haske mortis en la brakoj de sia amiko Alfred Delafaille. Malgraŭ tio, la sinjoro Delafaille ne maldungis la kunlaborintojn, kiuj dum la milito kaj sub germana estrado, daŭrigis labori en la firmao.

Sinjoro Rodolfo Delforĝo, reprezentanto de la aŭtomobila asekuro, estis la sekva vizitanto. Li estis precizema homo, sed tute klare ŝatis efike labori. Li salutis kaj laŭtlegis la konkludojn, bazitajn sur la atestoj kaj la polica raporto.

"Sinjoro, ĉu vi konsentas pri la konkludoj de niaj informoj? Se jes, subskribu tiun ĉi dokumenton."

Ne atendante la "se vi ne", mi prenis la plumon el liaj manoj kaj, laŭeble, desegnis mian plej belan subskribon. Sen pliaj bagatelaĵoj li salutis kaj, sen rigardi malantaŭen, malaperis.

La saman vesperon tuj post la forpreno de la manĝilaro, mi min sentis terure malbone kaj emis vomi. Mi apenaŭ sukcesis spiri kaj ekvidis nigrajn kaj ruĝajn cirklojn ĉirkaŭflugi la ĉambron. Pene mi trovis la sonorilan butonon, puŝis,

---

32 Pri tiu ĉi titolo oni tute ne celis rason. La Gestapo* de la germana armeo, la plej aĉaj uloj de la germana armeo, havis la taskon kontraŭataki ĉiujn rezistojn, kaj ili sendis pli ol naŭdek elcentojn de la kaptitoj en la koncentrejojn en Germanujo; ili surhavis nigran uniformon.

*) Mallongigo de Sekreta Ŝtata Polico (germane: *Geheime Staats-Polizei*).

puŝis, puŝis kiel frenezulo, kaj subite mi falis en nigran abismon.

Kiam mi denove malfermis la okulojn, pluraj kuracistoj kaj alia flegopersonaro plenigis la ĉambron.

"Sinjoro, vi havis la butonon en la mano, kial vi ne uzis ĝin? Feliĉe la nokta fratino trovis vin surplanke."

Mi ne komprenis la situacion kaj la kuracisto ripetis la demandon. Unue mia gorĝo produktis strangan bruon; fine mi sukcesis diri:

"Sinjoro, doktoro, mi uzis la ilon plurfoje, sed neniu venis."

"Nu, kara, vi certe havas apartan gardanĝelon[33], ni havis grandan penon revenigi vin."

Dum la sekvaj 48 horoj konstanta gardisto restis en la ĉambro.

La teĥnikisto eltrovis la kaŭzon de la sonorilpaneo: la kontaktlinio de la apuda ĉambro estis ligita al la linio de la najbarino. Ŝajne temis pri ege nervoza kaj postulema pacientino: la helpanto apenaŭ forlasis ŝian ĉambron kaj denove kaj denove ŝi sonorigis. Pro tio la centralo nuligis la kontakton

---

33 Gardanĝelo: Estas ĉiela spirito, kiun oni plej ofte bildigas kiel junulon, kiu surhavas longan blankan veston kaj sur la dorso li havas grandajn blankajn flugilojn. Laŭ la romkatolika kredo, la gardanĝelo protektas la 'malaltrangulojn'. Dum danĝeroj eblas preĝi al la gardanĝelo.

kun ŝia ĉambro, sed bedaŭrinde forgesis ke tiel ili ŝlosis ankaŭ mian aliron al la sonorilo.

Kvar semajnojn poste la pulmospecialisto vizitis min. Li informis, ke morgaŭ li revenos kun asistanto kaj elpumpos la malnovan sangon kaj vundlikvaĵon el la brusta kavo.

"Por sukcesi, mi bezonos vian kunlaboron. Dum la interveno mi starigos kelkajn demandojn, la respondoj estu klaraj kaj mallongaj. Se vi sentos doloron, ne kriu, sed levu la manon."

La asistanto, kiu akompanis la kuraciston, estis juna medicina lernanto de la antaŭlasta jaro. La interveno bone iris, ĉefe en la komenco. La kuracisto per la dekstra mano batetis sur sia maldekstra mano, dum la asistanto per stetoskopo klopodis por analizi la sonojn. Li indikis la lokon kaj la kuracisto aŭskultis dum la asistanto batetis. Ambaŭ trovis la saman lokon por enpiki grandegan injektilon. Singarde la kuracisto elsuĉis la likvaĵon. Ĉio bone iris, ĝis kiam la pulmopleŭro, kiu elfaldiĝas, tuŝis la akran pinton de la injekta nadlo. Tio provokis doloregon, sed tio eĉ ne kompareblis kun la dolorego, kiam la pulmo refunkciis. Flegisto, kiu asistis la duopon, regule malplenigis la injektilon en ujon. Iom post la operacio li revenis en la ĉambron kaj kaŝis ion malantaŭ la dorso.

"Sinjoro ĉu vi hazarde ŝatas bonan bieron?"

"He, mmm, ĉu vi intencas regali min?"

"Jes, estas aparta biero kun ege specialaj ingrediencoj."

Kaj li montris longan vitran boton.

"Kio estas tio?!"

"Estas nur la likvaĵo, kiun ili elpumpis de inter via riparo, al kiu mi aldonis iom da akvo."

En la momento, kiam mia buŝo larĝe malfermiĝis, envenis la ĉefino de la flegistaro. Ŝi rigardis min kaj poste la flegiston, kiu ne plu kapablis kaŝi la boton.

"Nu, junulo klarigu! Kio estas tio?"

La serĉema kompatindulo, timeme rigardis min, kvazaŭ mi povus savi lin, sed komprenu ke mi havis ĉiujn kolorojn de la ĉielarko kaj apenaŭ povis repuŝi mian vomemon. Li komprenis, ke li ne povis eskapi; li klopodis diri ion, sed ŝi akre ordonis:

"Mi atendos vin je la 17-a horo en mia oficejo, kaj sciu ke mi volas la veron, ĉu vi komprenas? Kaj nun – for! – kaj neniam plu mi volas vidi vin en tiu ĉi ĉambro."

Ŝi bone komprenis, ke mi nun ne kapablis diri ion. Ŝi prenis vompladeton kaj metis ĝin tute proksime.

"Ne hezitu uzi la sonorilon, se vi sentas la bezonon."

La postan semajnon mia bopatro veturigis min hejmen. Vidante la trafikon mi panike fermis la okulojn kaj ploris pro timo. Tro malfrue oni konstatis la rompiĝon de la maldekstra *'acetabulum'* (osto de la kavo de la maldekstra flanko de mia pelvo).

La rekapabligo al la normala stato postulis naŭ longajn monatojn. Fine post pliaj tri monatoj mi duontempe rekomencis la laboron. Intertempe la nova oficistino montriĝis iom malrapida, sed ordema kaj efika kaj ricevis plentempan kontrakton. Mi ĝis hodiaŭ ne scias, kie mi retrovis la kuraĝon por denove mem stiri aŭtomobilon.

La paroĥo de mizero

Alia turo, bone videbla el mia ĉambra observejo, estas la turo[34] de la preĝejo Sankta Andreo. Ĝi staras en la mezo de la Sankt-Andreo-kvartalo. Ĝia plej konata kromnomo estas la "paroĥo de mizero". Ekde la griza pasinteco ĝis la fino de la 20-a jarcento ĝi estis la loĝejo de la plej malriĉaj loĝantoj de Antverpeno. Pluraj familioj aĉe kunloĝis, foje dekope, en malgranda ĉambro. En la ombro de la Sankt-Andrea-turo, ĝis la foriro de la firmao al la dekstra flanko de la riverego, staris la tureto de la laborejoj kaj oficejoj de la kompanio "*N.V. Open blik*". Tie mi laboris en la sekcio 'reklamo'. Elektita de la personaro mi akceptis la taskon de sekretario de la sindikataj konsilantaroj[35] pri la personaraj aferoj kaj la

---

34 La 58 metrojn alta turo konis tumultan historion. En la Jaro 1755 la gotika turo kolapsis, nova barokstila turo anstataŭas ĝin. La belga armita ribelo en 1830 kontraŭ Vilhelmo la unua de Nederlando kondukis Belgujon al la sendependeco. La ribeluloj uzis la turon kiel observejon por sekvi la movojn de la armeo de la malamiko.

komitato pri sekureco. Oni ankaŭ elektis min kiel sindikatan reprezentanton de la oficistoj.

Mi havis plurajn bonajn kontaktojn en la kvartalo. La subpastro de la paroĥo, la socia laboristo kaj la ribelpastro *Florent*, simple *Flor*, por la konatuloj. Li handikapiĝis pro reŭmatismo kaj la espiskopo volis doni al li taskon en ripoze-jo. Flor, apenaŭ 26-jarulo, rifuzis, ĉar li opiniis ke pli necesaj taskoj atendis lin en la paroĥo de mizero. Post la forpaso de liaj gepatroj, li – kune kun lia frato Reno – heredis de ili kelkajn domojn kaj iom da mono. Li aĉetis grandan domon kun pluraj ĉambroj kaj salonoj en la Sankt-Andreo-kvartalo. Tie mi retrovis lin.

Kun larĝa, afabla rido, li akceptis min. Li sidis en brakse-ĝo inter rubo kaj polvo, restaĵoj de la adaptaj laboroj de sia nova posedaĵo. Ni nin konis jam de antaŭ multaj jaroj. Dum pli ol dek jaroj ni kune estis anoj de la sama, aktiva junulara organizaĵo.

"Se vi deziras bieron, prenu el la fridujo, mi evitas ekstari kiam mi komforte sidas."

"Dankon. Ĉu mi prenu ankaŭ bieron por vi?"

"Ne dankon, mi evitas alkoholon, sed eble restas botelo da akvo. Se jes, mi ŝatus glason da."

---

35 La sindikata konsila komitato: Ĝi estas protektata per nacia leĝo kaj la sindikatoj. En Belgujo ĝi estas unu el la modeloj de la reprezentantaj organoj de la dungitaro en la entreprenoj.

Mi bone rondrigardis kaj min demandis, kion li planis. Kvazaŭ mi tro laŭte pensis, li diris:

"Mi povas imagi pri kio vi pensas, kara amiko. Nu, mi tuj klarigos. Unue vizitu la tutan konstruaĵon kun Dino, la volontulo kiu malfermis la pordon. Vi trovos lin en la unua ĉambro de la koridoro."

Post la esploro de la domo, Flor invitis min instaliĝi apud li. Intertempe el koverto li jam prenis konstruplanojn kaj metis ilin sur la malaltan tablon antaŭ ni.

"Flor, kion vi planas? Tiu ĉi domo estas sufiĉe granda por fariĝi hotelo kun multaj ĉambroj."

"Lerta konstato, amiko. Jes, mi konstruas hotelon. Ne rigardu min tiom stulte, mi klarigas. Tute proksime de la "hotelo" troviĝas konata strato, nome la *Begijnenstraat* (Beginostrato)[36] kaj kiel vi certe scias, en tiu strato troviĝas granda malliberejo. Loĝantoj de la malliberejo estas niaj eblaj klientoj. Ĉe la fino de la puna periodo antaŭ liberiĝi, la kaptito nepre bezonas adreson, kie li/ŝi en la unua tempo povos dece loĝi. Vi certe jam rimarkis, ke la plej granda parto de la havebla spaco estas indikita kiel ĉambro. Mi rezervas nur tri grandajn salonojn: manĝejon kaj distran salonon. La tria restas nun malplena, sed rapide mi povos instaligi kuirejon. Mia frato Reno aĉetis tute proksime

---

36 *Begijn* Begino, virino, kiu dediĉas la vivon al sia romkatolika kredo, sed ne membras en monaĥa ordeno. Estas virino sen partnero, kiu sole vivas kiel kleriko sen vivi en monaĥejo. Ofte pluraj beginoj loĝis unu apud la alia en beginejo.

malgrandan domon, kie li instaligis modernan grandan kuirejon kun restoracio. Niaj gastoj senpage rajtas loĝi ĉi tie dum maksimume tri monatoj. Kaj ĉi tie ili ricevos senpage matenan kaj vesperan manĝojn. Ĉe Reno ili pagos kvin frankojn[37] por kompleta tagmanĝo. Ekde kiam ili trovis laboron, niaj klientoj pagos monate 50 frankojn por la ĉambro kaj 15 frankojn por la tagmanĝo.”

“La kapelano de la malliberejo informas la homojn tie pri la eblecoj de nia sav-reto. Ĉiuj kunlaborantoj estas volontuloj. Ho, mi preskaŭ forgesis, ke la subpastro en parto de la pastrejo instaligis panbakejon. Niaj gastoj rajtas senpage lerni la bakistmetion. Kelkajn antaŭajn malliberulojn la subpastro dungis kaj al ili pagas normalan salajron. Unu el ili per kestobiciklo vendas la diversajn membakitajn panojn en la strato, de pordo al pordo. Tiom longe, kiom mi kapablos, kaj malgraŭ la kontraŭstaro de la episkopo, ĉar mi malobeis, mi intencas daŭrigi tiun ĉi iniciaton. Edvardo, se vi havus tempon, vi estos bonvena en la organizaĵo.”

“Malgraŭ tio ke mi bone konas la vivon kaj evoluon de la kvartalo – mi ja scias pri la pano, ĉar mi regule aĉetas ĝin –, pri viaj planoj kune kun via frato, mi nenion sciis. Dankon pro la invito kunlabori, sed mi fakte estas konkuranto. Tri ĝis kvar fojojn semajne mi kuiras en la kvartala domo. La senhavuloj de la kvartalo ricevas senpagajn manĝaĵojn; ĉefe temas pri familioj aŭ solulinoj kun pluraj infanoj. De la legomvendejoj kaj eĉ de du superbazaroj ni ricevas la

37 belgajn frankojn: la mezuma salajro de manlaboristo estis ĉirkaŭ 600
    frankoj … semajne.

nevenditajn legomojn kaj aliajn varojn, kiuj riskas malboniĝi. Unufoje monate ni senpage ricevas fiŝojn de la fiŝvendejo. Por mi tiu laboro senstresigas min, post la streĉa labortago.

Mi ŝatus fari pli, sed mi havas edzinon kaj infanojn en Ekeren. La edzino ofte plendas, ke mi malofte frue hejmen venas kaj ke pri la edukado de la infanoj okupiĝas nur ŝi. Krome, la ceteran tempon mi dediĉas al muziko."

"Edvardo, viaj unuaj tasko kaj devo estas la zorgo por via familio. Mi havas la impreson, ke vi postkuras ion aŭ forkuras al nenie. Se mi povas helpi, ne hezitu kontakti min."

"Dankon, amiko."

Dum la silento kiu sekvis, mi sciis, ke mi ne intencis rakonti al li la kaŭzon de mia problemo. Mi konis ĝin, sed ĝi estis tiom peza, ke mi ne povis digesti ĝin. Mi malkovris, ke mia patrino mensogis kaj senĝene trompis nin, siajn infanojn. Ke ŝi estis grandparte la kulpulino de nia mizera juneco.[38] Ni adiaŭis kaj promesis baldaŭ revidi nin kaj eventuale esplori, ĉu kunlaboro eblas.

---

38 La priskribo de tio legeblas en la daŭrigo de mia libro *La Longa vojaĝo**: *Post la pluvo, pluvego.***

*) Eddy Raats: La longa vojaĝo. Travivaĵoj de etulo. 3-a eldono, Embres-et-Castelmaure, Monda Asembleo Socia (MAS), 2021, ISBN 978-2-36960-286-6 (= MAS-libro n-ro 271)

**) Eddy Raats: Post la pluvo, pluvego. Travivaĵoj de junulo. 2-a eldono, Embres-et-Castelmaure, Monda Asembleo Socia (MAS), 2021, ISBN 978-2-36960-288-0 (= MAS-libro n-ro 272)

Kelkajn semajnojn poste mi vizitis la kapelanon de la malliberejo, por aranĝi koncerton en la kapelo tie. La spaco por la artistoj estis ege malgranda; ĝi troviĝis malantaŭ la tabernaklo. Granda blanka tuko apartigis la tabernaklon kaj la lokon por ni. La loko havis nur spacon por kelkaj kantistoj kaj kvin instrumentistoj. Unue ni priparolis la praktikajn flankojn de la koncerto, sed rapide la hotelo de Flor fariĝis la temo. Pri la planoj de Flor, la kapelano ŝvebis pro feliĉo.

"Imagu Edvardo, tro ofte okazas, ke homoj post la fino de la punperiodo ne ricevas la permeson forlasi la malliberejon, ĉar ili ne havas decan lokon aŭ helpon. Ofte la familianoj rifuzas gastigi la 'krimulon'."

"Ĉu Flor petis permeson por la plano?"

"Jes, ene de kelkaj semajnoj, danke al la apogo de la ministro pri justico, la projekto ricevis provizoran permeson ĝis la parlamento akceptos ĝin. Eĉ la urba registaro pretas subvencii la projekton."

La sistemo bone funkciis, kaj regule pluraj ĉambroj de la hotelo estis okupataj. Bedaŭrinde, du profesiaj bakistoj plendis ĉe la tribunalo pri komerco, ke la bakejo kaj la komerco de Sankt-Andreo estis falsa konkurenco. Post longa jurobatalo, la subpastro ricevis la malpermeson vendi la panon, sed daŭre rajtis baki por la propraj bezonoj.

Frosto, frostego

La vintro de 1962-63 fariĝis ekstreme severa. Dum pli ol du monatoj, stakoj da neĝo kaj glacio restis en la stratoj de la tuta lando. Por ne glitfali, ĉiuj metis ŝtrumpojn ĉirkaŭ la ŝuoj. La subpastro telefonvokis min kaj petis kiel eble plej baldaŭ veni. Dum la tagmeza paŭzo, mi iris en la pastrejon. Tie krom la subpastro jam kunsidis la socia laboristo kaj la prezidanto de la lokaj volontuloj, Niko. Li bonvenigis min.

"Edvardo, ni bezonas la urĝan helpon de la *Gazeto*. Ĉi-matene mi venigis la ambulancon por transporti la solulinon Marta kaj ŝiajn du infanojn en la malsanulejon. Mi trovis ilin, ege malvarmiĝintajn. La helpantoj nun vizitas la konatajn problemadresojn. Ni devas agi. Pro diversaj kialoj ni bezonas la helpon de la *Gazeto*. Ĉu vi povas skizi la problemon ĉe la estraro?"

"Jes, mi tuj pretas. Sed vi diris 'pro diversaj kialoj', do informu min."

"Nu, por apogi la propagandon, ĉar ni celas kolekti varojn kaj monon, kaj bezonos grandan spacon por ordigi la diversajn donacojn kaj poste disdoni tion. Ni havas liston de la plej helpbezonaj familioj. La virina rondo de la kvartalo pretas kunlabori kaj ankaŭ la skoltoj partoprenos."

"Bone, mi scias sufiĉe. Niko, restu ĉe via telefono. Mi petos la ĝeneralan direktoron kontakti vin. Unue mi parolos kun la ĉefredaktisto kaj petos kuniri al la direktoro. Ĝis baldaŭ.”

La sinjoro *Luis Meerts,* *l*a ĉefredaktisto, tuj komprenis la situacion. Per simpla telefonvoko de la ĉefredaktisto al la ĝenerala direktoro, tiu tuj akceptis nin. Ambaŭ gravuloj bone konis min pro mia laboro kaj mia dediĉo kiel deputito de la sindikataj organizaĵoj, de la administra personaro.

“Edvardo, klarigu la celon de la helporganizaĵo de la kvartalo.”

Mi priskribis la projekton, kiu nepre kaj urĝe bezonis apogon. Atente kaj sen interrompo, la du gravuloj aŭskultis. Post momento de silento, la sinjoro Fremo rigardis min.

“Sinjoro, ĉu vi havas planojn aŭ proponojn?”

“Mi pensas, ke la praktikaj flankoj de la organizado estu en la manoj de la grupeto sub la respondeco de la socia laboristo Niko. La entrepreno certe povas subteni, eventuale subvencii la projekton, disponigi spacon en la konstruaĵo de la komerca presejo, ktp.”

“Dankon, Edvardo, pro la iniciato. Reiru al via laboro. Sinjoro Meerts, restu.”

Mi salutis ambaŭ kaj dankis pro la komprenemo. Kun agrabla antaŭsento, mi forlasis la oficejon.

La postan tagon kvazaŭ ventego eniris la entreprenon, kiu vekis la helpemon en la tuta entrepreno. En la gazeto aperis pluraj artikoloj, kiuj plenigis la frontpaĝon kaj la kompletan duan paĝon de la *Gazet van Antwerpen*. Kompreneble, mi unue legis tiujn artikolojn, kiuj alvokis la legantojn partopreni en la projekto por helpi la senhavulojn. La kompanio malfermis novan bankkonton, al kiu eblis ĝiri mondonacojn. La unua en la listo, per sumo de 100.000 frankoj, estis la *Gazet van Antwerpen* mem. Jam antaŭ la fino de la semajno, la sumo kreskegis ĝis pli ol 200.000 frankoj.

La sekvantajn tagojn alvenis amaso da helpvaroj. Ĉe la plej granda salono en la tria etaĝo de la laborejo de la komerca presejo, la virina rondo jam bele organizis butikon. En grandega salono ili praktike ordigis la diversajn varojn. Sur apogilojn ili metis grandajn tabulojn kaj apartigis la salonon per diversaj budoj; eĉ vesto-ĉambron ili konstruis. Ĉe la enirejo sidis volontulino de la rondo. Ŝi havis kelkajn tirkestojn kun informkartoj de la konataj familioj, kiuj bezonis helpon. Sur formularo la helpantoj menciis la ricevitajn varojn de la helppetanto. Li/ŝi postlasis ĝin ĉe la elirejo. Tiel ili volis eviti misuzon de la sistemo.

Kiam mi envenis por admiri la bonan kaj glatan sistemon, mi vidis maljunulon enveni. Li aspektis kiel vagabondo. En la klakĉapelo certe loĝis noktopapilioj. Li surhavis foruzitajn vestojn, la nudaj piedfingroj salutis la mondon tra la memfaritaj truoj en la ŝuoj. Kaj fine, kruda bastono helpis lin promeni. Mi hazarde revidis lin ĉe la elirejo, apenaŭ kredeble: kia metamorfozo! Bela ĉapelo kovris lian freŝe tonditan hararon. Sub la varma mantelo, iom kaŝita, mi vidis la kolon de blanka ĉemizo kaj belan kravaton. Fortikaj ŝuoj kaŝis nun la ŝtrumpojn anstataŭ nudajn piedojn kaj la ĉerizo sur la torto[39] estis la brilanta, nigra lambastono, sur kiu en blankaj, graciaj literoj staris la vorto: *"Elégance"* (eleganteco). Mirigite, mi vidis lin forpaŝi. Diable, mi nepre volis scii, kio okazis. Per du ŝtupoj samtempe, mi kuris supren.

Kiam la helpantoj revidis min tiom rapide reveni, ili tuj komprenis la kialon. Niko, kiu en tiu ĉi momento helpis, tuj venis al mi.

"Nu, Edvardo, kion vi pensas pri tio?"

"Bele, belege farita, kara, sed kiel vi aranĝis tion?"

"Niko, venigu vian skipon kaj rakontu la belan kaj amuzan rakonton."

Niko:: "Nu, mia skipo konsistis el: vi, mi, Doroteo la tondistino, ŝia fratino Evelino, belecospecialistino kaj la ĝemeloj Braekman, ili elektis la vestojn kaj mi la ŝuojn. Mi iris kun la vestoj kaj la kliento en la duŝejon, helpis lin lavi sin. Poste, kiam li estis dece vestita, Doroteo metis la tondilon en la hararon kaj belege prizorgis lian barbon. Evelino prizorgis la ungojn de la fingroj kaj piedfingroj, mi serĉis kaj trovis taŭgajn ŝuojn kaj helpis lin surmeti ilin kaj fine la ĝemeloj kompletigis la vestaron. Kaj jen! Pri la enhavo de la mansako, la kolegoj okupiĝis."

---

39 Nederlandlingva parolturno, kiu signifas: "la detaloj, kiuj finas la tuton".

"Gratulojn! Hodiaŭ vi faris miraklon kaj ege grave: vi feliĉigis kompatindulon."

Ne ĉiu rakonto estis tiom amuza aŭ pozitiva, bedaŭrinde. Ĉar ĉe la oficejo mi apenaŭ havis laboron: homoj ne riskis veni pro la glitigaj stratoj, mi havis la permeson plentempe okupiĝi pri la helporganizaĵo. La aliaj helpantoj pro asekurokialoj ne rajtis uzi la kamionojn de 3,5 tunoj de la firmao, sed mi kiel dungito ja rajtis. Surloke kolekti grandajn donacojn estis mia unua tasko kiel ŝoforo. Dum du tagoj, sen akcidento, mi alportis plenajn kamionojn da valoraĵoj, kiel: vestaĵoj por infanoj, virinoj kaj viroj. La direktoro de la propra reklamosekcio venigis min kaj taskis min morgaŭ veturi al *Beringen,* limburga[40] provinca karbomineja urbo je 70 kilometroj for de Antverpeno.

Ĉe la minejo ili mokridis, kiam ili vidis mian tro malgrandan kamionon. La direktoro de la minejo venigis min kaj dum li cerbumis, gratis la hararon. Post iom da tempo li ĝenita diris:

"Nu, vidu, ni plenigas vian kamionon per sakoj de 50 kilogramoj da altkvalita karbo kaj ni vidos kiom restos. Eble mi trovos solvon."

Intertempe la laboristoj plenigis mian veturilon per sakoj plenaj je karbo. Tamen mi konstatis, ke ĝi estas tro ŝarĝita.

---

40 *Limburg*: Limburgo, unu de la naŭ belgaj (tiamaj) provincoj. Poste la provincon de Brabanto oni apartigis en *Vlaams Brabant* (Flandra Brabanto) kaj *Waals Brabant,* france: *Brabant walon* (Valona brabanto). Ekde tiam Belgujo havas 10 provincojn.

Nu, bone, ni vidos ĉu mi sukcesos sen difekto aŭ akcidento atingi Antverpenon. Singarde mi reprenis la vojon hejmen. Sur la aŭtoŝoseo ekster la limoj de la limburga provinco, la polico haltigis min. Mi montris la paperojn kaj miajn idente-codokumentojn.

"Jes, ĉio en ordo pri la paperoj, sed ni opinias, ke via kamiono estas tro ŝarĝita. Veturu en la pesilon tie ĉe nia kolego."

La ŝvito staris en miaj ŝuoj. Kaj jes, mi transportis iom pli ol 500 kilogramojn tro! La policisto, kiu denove kontrolis la paperojn, afable diris:

"Metu vin ĉe la parkejo kaj malŝarĝu dek unu sakojn kaj revenu ĉi tien."

Pene mi malŝarĝis dek unu sakojn de kvindek kilogramoj.

Mi volis reveturi en la pesilon, sed intertempe la policisto venis al mi.

"Nu, sinjoro, mi kapablas kalkuli, do mi scias ke nun la ŝarĝo estas ĝusta. Daŭrigu la vojaĝon kaj zorgu ke vi aŭ aliulo venu por preni la ceteran parton. Ne atentu pri la sekureco, ni gardos la karbon."

En Antverpeno mi malŝarĝis la karbon helpe de kelkaj volontuloj. Jam la vespera mallumo alvenis, kiam mi restartigis la kamionon. En la momento de la veturado, Niko frapetis ĉe la pordo.

"Mi ŝatus akompani vin, ĉar vi certe estas jam tro laca kaj vi eĉ ne manĝis."

Li instalas sin sur la pasageroseĝo.

"Vidu, ni dumvoje povos babili por eviti la dormemon. Kaj akceptu tiun ĉi sandviĉon, mi ankoraŭ kunportas varmbotelon kun freŝa kafo."

"Dankon, amiko. Mi unue deziras manĝi kaj trinki. Poste ni tuj forveturos, ĉu?"

"Do ni nun veturos en la parkejon, kie vi postlasis la 500 kilogramojn da karbo. Ni bezonos ĉiujn kilogramojn. Mi ricevis la raporton de la skipo kiu vizitis la diversajn familiojn. Pluraj ne plu havas karbon, aliaj aĉetas saketojn de dek kilogramoj, ĉar ili ne havas la rimedojn por aĉeti pli."

"Niko, hieraŭ mi vizitis Fernandon Vanden Bosch, kiu emeritiĝis la pasintan jaron. Li estis la ĉefo de la prizorga skipo. Li rakontis, ke en malnova kelo troviĝas du aŭ tri tunoj da industria karbo. Kiam oni post la incendio, kiu grandan parton de la maŝinhalo detruis, rekonstruis la konstruaĵon de la komerca presejo, tiun karbon ni ne plu bezonis. Ni fermis la pordon kaj nun multaj elektraj kabloj kaj aliaj kondukiloj malebl:igas atingi la pordon. Mi petis Frans, la novan estron de la prizorga skipo, espl:ori la aferon. Mi intencas morgaŭ kontakti lin."

"Bonege! Ili certe trovos rimedon por malplenigi tiun spacon. Ankaŭ mi havas bonan novaĵon. La direktoro de la minejo kontaktis nin kaj anoncis, ke ni ricevos denove plenplenan kamionon. Ilia propra kamiono morgaŭ alportos la duan donacon de altkvalita karbo. Mi jam trovis stokejon en forlasita magazeno de la ĝendarmejo. Estas ege sekura loko, ĉar oni nepre bezonas enirpermesilon."

Mi preskaŭ preterveturis la parkejon. Dek minutojn poste ni reveturis al Antverpeno. Ni ankoraŭ purigis la kamionon, ĉar oni bezonis ĝin por dum la nokto transporti la gazetojn al la vendejoj, stacidomo kaj poŝtoficejoj.

Mi ne posedis aŭtomobilon, kaj do biciklis hejmen. Ĉiuj dormis, sed mia edzino dormis en la salono, ŝi do atendis min kaj ekdormis. Ne vekante ŝin, mi funde duŝis, postlasis la stakon de la karbovestaro sur la planko kaj enlitiĝis.

Je la sepa matene mi vekiĝis, kaj konstatis, ke ŝi ankoraŭ profunde dormis apud mi. Denove ne vekante ŝin, tion la infanoj faros, post 20 minutoj mi denove pedalis en Antverpenon. Normale bicikli ne eblis, regule mi devis piediri. Tavolo de freŝa, dek centimetrojn alta neĝo kaj daŭra neĝoblovado malfaciligis la bicikladon, sed ankaŭ ĝenis klaran vidon. Mi bezonis pli ol la duoblon de la normala tempo por atingi la laborejon. Feliĉe mi ne glitfalis.

Niko atendis min ĉe la akceptejo.

"Bonan matenon, kara amiko, sekvu min al la ĝendarmejo, por ke vi havu enirpermesilon. Mi antaŭvidas, ke la kamiono de la minejo alvenos post 10 aŭ 15 minutoj."

"Ĉu vi certas ke ĝi venos tra la aĉa, danĝera vetero?"

"Jes, mi telefonis, la oficisto certigis, ke la kamiono jam antaŭ horo forveturis."

La portempa magazeno ŝajnis ideala loko por la karbo. Ĉe la enirpordego jam atendis la kamiono kun la limburga karbo. La karbo ne estis pakita en sakoj. Pere de la meĥanika sistemo de la kamiono, rapide la aparato translokis la karbon tra luko en la planko. Restis sufiĉe da loko por stoki tiun karbon, kiun ni eventuale trovos en la kelo. Krome mi opiniis, ke alvenos sufiĉe da mono en la specialan konton, por eventuale aĉeti kroman kamionon da karbo.

Post la forveturo de la kamiono, Niko akompanis min al la fama 'kelominejo'. Maldika volontulo sukcesis sin ŝovi sub la diversajn kondukilojn. Li senpene malfermis la pordon kaj efektive konstatis, ke la 'onidiro' estis realo! La kvanton li ne povis taksi, sed certe tie troviĝis pluraj tunoj da industria karbo.

Frans desegnis planon por liberigi spacon de almenaŭ unu metro inter la planko kaj la restantaj kondukiloj. La teĥnikistoj laboris dum pluraj horoj por enordigi tion. Intertempe Frans, kies metio estas lignaĵisto, konstruis fortan keston kaj metis sub ĝi du ferajn stangojn. Por ŝovi la keston en la karbokelon kaj el ĝi, li fiksis ŝnurojn ĉe ambaŭ flankoj.

Imagu la scenon: tiri la keston en la karbokelon, plenigi ĝin, alia en la koridoro tiris la keston en la koridoron, du fortuloj prenis la keston kaj verŝis la karbon en unuradan puŝĉaron, iu veturigis tiun en la lifton, dua puŝĉaro atendis teretage, la unua forlasis la lifton, la dua eniris ĝin, 300 metrojn for, la unua eniris la ĝendarmejon, verŝis la karbon sur novan stakon kaj reiris en la karbokelon; per grandega martelo volontulo malgrandigis la tro grandajn karbopecojn kaj jen …

Alia skipo plenigis paperajn sakojn de dek kilogramoj, du privataj ŝoforoj alportis la sakojn en la domojn laŭ listoj, kiujn ili ricevis de la komitato. Danke al dua kamiono el Limburgo, pagita per la financaj donacoj, la komitato kapablis provizi varmon al la mizeruloj ĝis la printempo.

Niko invitis min partopreni tiuvespere en komitata kunveno. Ili decidis doni al mi malpli temporaban taskon, kiu – li diris – permesos pli frue hejmenveturi. Luko kaj mi fariĝis aparta skipo, kaj la unuan tagon Niko akompanis nin por viziti la familiojn kiuj – laŭ la listo – estis la plej helpbezonaj homoj de la kvartalo.

La unua adreso estis domaĉo, kiu troviĝis malantaŭ aliaj kadukaj domoj kaj kiu estis atingebla per nekovrita koridoro. Unue mi ne vidis la loĝejon, sed Luko malkovris, ke malantaŭ foruzita kovrilo kaŝis sin nigra truo. Ĉe tablo kun kandelo sidis mezaĝa virino. En angulo sur diversaj kusenoj kaj aro da ĉifonoj kuŝis la handikapita, plenkreska filo. Mi priskribis la situacion, kaj demandis:

"Sinjorino, ĉu vi akceptas helpon?"

Suprizite ŝi rigardis min kaj heziteme diris:

"Jes, jes, … sed mi ne kapablas pagi, mi havas nur ŝuldojn, nenie oni volas helpi. Antaŭ du jaroj mia edzo forpasis, krome, mi neniam lernis metion, mi ne povas postlasi nian filon. Ni havis iomete da ŝparmono, sed ĉar ni ne havas aliajn enspezojn krom monatan sumeton de la handikapula asekuro de nia filo, ni devis forlasi nian etan apartementon kaj rajtas senpage loĝi ĉi tie. Mi ne plu vidas eliron el tiu ĉi situacio."

"Nu, ni povas senpage helpi vin, ni jam kunportas manĝaĵojn kaj mi tuj zorgas por karbo. Ni esperas trovi solvon por vi kaj via filo."

Mi tuj volis kontakti la komitaton, sed Niko prave diris:

"Edvardo, ni rendevuos kun la plena komitato nur post kiam ni esploris la mallongan liston."

La virino ne plu kapablis esprimi sin, kiam Luko donis skatolon plenplenan je bonaj, freŝaj varoj kaj li aldonis el sako freŝan panon de la propra bakejo. Ŝi akompanis nin al la elirejo, tie subite turnis sin kaj kuregis for, malaperante en la nigra truo.

La dua adreso superis la atendojn: la familianoj sidis en kanapo kaj sekvis radioteatraĵon kaj la salono estis bone varmigita.

"Sinjoroj, ni estas ege dankemaj. De viaj homoj ni ricevis 40 kilogramojn da karbo. Ili ankaŭ informis nin pri la ebleco ricevi varojn kaj manĝaĵojn. Mia edzino kune kun nia filino vicis por ricevi manĝaĵon. Ili ankaŭ ricevis varmajn vestojn kaj kovrilojn. Dankon."

Ankaŭ ĉe la tria adreso, ili ne plendis, male eĉ, sed ĉe la kvara adreso mi ricevis la ŝokon de mia vivo. La loĝanton de la kvara adreso ni trovis je la tria etaĝo, kiu fakte estis subtegmentejo. Maljunulino malfermis la pordon. Post nia sinprezento kaj la klarigo de nia vizito, ŝi iom strange rigardis nin:

"Dankon sinjoroj, mi vere malmulton havas, sed mi estas riĉulino kompare al la loĝantoj de la pordo fronte de mia pordo. Se vi deziras helpi, ili multe pli ol mi bezonas helpon. Ne frapu, ĉe la pordo, simple eniru, li ne kapablas malfermi."

Tamen mi ankaŭ rapide donis al ŝi manĝpaketon kaj la adreson, kie ŝi povos trovi nin, se tio estus bezonata.

Kiel unua mi eniris la frontan subtegmentejon. Malbona aero malhelpis normale spiri. Mi tuj malfermis tegmentan fenestron. Nur kiam miaj okuloj alkutimiĝis al la mallumo, mi vidis ion en angulo, de kie venis raslo. Tie mi trovis maljunulon. Li kuŝis sur matraco, liaj hararo kaj kuseno estis rigidaj pro duonseka sango. Mi konis la fenomenon: tio estas evoluinta stato de tuberkulozo. Mi avertis la aliajn tuj forlasi la lokon kaj informi la urban sanservon. Dudek minutojn poste la ambulanco haltis, mi donis la informojn al la flegistoj kaj avertis, ke ili bone protektu sin.

Subite mi komprenis, ke tiu ĉi tasko ne estis por malfortuloj. Korpe mi ja estis fortulo, sed mi estis ege sentema. Mi sciis, ke la venontajn tagojn, mi certe spertos similajn aĉaĵojn. Dum la kunsido mi ne montris miajn sentojn, ĉar kvazaŭ mensogisto, mi volas plenumi ĝis la fino tiun taskon kaj ne komisii ĝin al alia homo. Por mi fariĝis la plej pezaj semajnoj iam. Fine de la periodo, ĉar mi nun regule frue hejmen venis, la paco revenis en la familio.

Por la handikapulo ni trovis lokon ĉe karitata[41] organizaĵo kaj la patrino ricevis postenon ĉe maljunulejo. La tuberkulozo-paciento feliĉe vivis, bone prizorgata, en sanatorio, al kiu la fakturojn pagis nekonato kaj danke al la iniciatoj de la komitato. Ankaŭ mi povas fiere retrorigardi la rezultojn de nia laborego. Pli bone ol iu ajn mi nun scias, kial la kvartalo havas la kromnomon "Paroĥo de mizero". Feliĉe ni povis rektigi multajn malrektajn situaciojn kaj helpi dekojn da familioj travivi la teruran vintron.

Akvo

Frumatene mi vekiĝis en mia tro varma hospitalolito. La matena sunlumo iom pene ekfosis truojn en la nuboj. Tra mia fenestro, mi superflugis la urbon ĝis malantaŭ la katedralo. Tie majeste fluis la riverego Skeldo. Kiom da belaj horoj mi feliĉa pasigis ĉe la bordoj de tiu ĉi, almenaŭ por mi, plej bela riverego en la mondo. Ĝi estas vere sako plenplena je memoroj: la promenoj sur la bordaj terasoj, la rondveturadoj

---

41 Bonfarema, kaj pli precize: laŭ la tria el la kristanaj teologiaj virtoj, per kiu kristano amas Dion pli ol ĉion kaj la proksimulon kiel sin mem pro amo al Dio. (Laŭ PIV)

boate, pramŝipe veturi al la alia, maldekstra flanko. Tie troviĝas la eta kvartalo *"Sint-Anneke plage"* (Sankt-Ana-plaĝo). Tie abundas restoracioj kaj aliaj senstresigaj lokoj. La restoracioj famas pro la preferata menuo de la antverpenano: mituloj kun niaj internacie konataj frititaj terpomoj. Ĉi tie troviĝis la kunvenejo de la antverpena sekcio de la *Belgische Alpenclub, BAC* (Belga Alpo-Klubo). Tie, kun mia alp-amika skipo, tiel ofte ni havis la okazon prezenti per lumbildoj niajn belajn ekskursojn kaj grimpadojn en la diversaj alpolandoj. La listo de niaj montaraj sukcesoj estas tro longa por diskonigi. Miaj pensoj libere sekvas la tajdon, kiu nun direktiĝas al la maro. Ha, ĉi tie mi nepre haltu ĉe la vilaĝeto Lilo[42]. Ha, ha, jes, kia aventuro!

Dum la dimanĉaj kunvenoj kun la amikoj de la junulara organizaĵo, inter du kartludoj, Adriano proponis planojn de kelkaj biciklaj ekskursoj. Ili ĉiam okazis semajnfine. Li sciis, ke kelkaj el la amikoj, interalie mi mem, dum la semajno laboris. Kompreneble la studentoj preparis proprajn feripla-nojn. La jaran kampadejan aranĝon por la tuta grupo, ni jam delonge preparis kaj ni dispartigis la taskojn. Kiel kutime, mi fariĝos la kuiristo. Ĉar niaj bicikloj ne plu estis novaj, mi ĉiam kunportis diversajn materialojn por ripari pedalojn, ĉenojn, pneŭmatikojn ktp. Tiel mi ankaŭ rangaltiĝis kiel 'la meĥanikisto' de la grupo. Inter la jam bele preparitaj itineroj de la biciklaj eksursoj, mi faris apartan planon por la mal-

---

42 Lilo estas vilaĝeto Norde de Antverpeno ĉe la bordo de la riverego. La plej granda parto de la vilaĝo malaperis favore al la plivastigado de la haveno. Restas nur malgranda loĝcentro ene de la fortikaĵo.

longa (20-kilometra) veturado al Lillo. Ni kunportos kapti-
lojn por kraboj, kiujn ni mem konstruis per malnova bicikla
rado, uzante la truetojn en la rado por alkudri nestreĉitan
saktolon. Per longa ŝnuro, fiksita al kvar precizaj lokoj de la
rado, poste kunfiksitaj per alia longa ŝnuro, jen! – estis preta
la kaptilo. Helpe de pluraj elastaj fadenoj ni surloke fiksis
viandodefalaĵon kaj/aŭ malfermitajn mitulojn, kiujn ni
surloke trovis. Fine ni aldonis, al la malsupra parto de la reto,
pezan ŝtonon. Ĉe la riverego-palisaro ni sekurigis la tuton per
la fino de la longa ŝnuro al ligfosto. Ekipitaj por kaptado de
kraboj el la akvobordoj de mia amata riverego, ni ekveturis al
Lillo. Armitaj per la necesa materialo, mi eĉ per ŝnuro fiksis
ĉareton al la pakaĵportilo. La ĉareto kunportis la pli grandan
materialon kaj vestotendeton. En ĝi ni povos ne nur senvesti-
ĝi, sed postlasi tion, kion ni ne bezonos en tiu momento. Sur
la herba digo mi instalis la tendeton kaj apude ombrigan kaj
kontraŭventan velon.

Apenaŭ la tuto estis uzebla, kiam gardisto venis kaj
postulis lupagon por mia instalaĵo: kvin belgajn frankojn por
la tendo kaj du por la velo.

"Se vi alkroĉas la tendon al la velo, ĝi formas unu tuton
kaj tiam vi pagu nur por la tendo."

Gerardo, la klaŭno inter ni, rebatis:

"Sinjoro, sed se ni alkroĉas la tendon al la velo, tiam ni
pagos nur du frankojn, ĉu?"

Kolere, la gardisto postulis sep frankojn.

"Se ne, malmuntu la tuton."

Li iom poste tamen ekdubis kaj diris:

"Nu, fine estas amuza vidpunkto, do bone, fiksu la tendon al la velo kaj pagu du frankojn."

Komuna rido finis la scenon.

Mi elektis taŭgan lokon sur la palisaro kaj fiksis la finon de la ŝnuro kelkajn metrojn pli for kaj preparis la kaptilon. Tuj mi ĵetis ĝin en la akvon. Sed, ho ve, inter la kaptilo kaj la alligfosto staris mia nutraĵproviza sako. La ŝnuro, kiu glitis akvodirekten, kuntiris la sakon en la akvon. Diable, diable! Sen pripenso, mi saltis en la akvon cele rekapti mian sakon. Imagu, ne eblas naĝi kun kaŭĉukaj botetoj ĉe la piedoj kaj kruroj. Post baraktado, mi sukcesis ĵeti tiujn bremsojn sur la palisaron. For estis miaj trinkaĵo kaj manĝaĵo.

La kaptado rapide enuigis, kaj mi decidis iom naĝi. Preskaŭ tuj la aliaj sekvis mian ekzemplon. Iu proponis transnaĝi la riveregon. Mi iom hezitis, sed ĉar la plimulto konsentis, ankaŭ faru mi. Tie la larĝo de la *Schelde* mezuris almenaŭ 500 metrojn. Post nur 20 metroj, unu post la alia, la kuraĝuloj renaĝis bordon, krom – divenu! – la trejnita Berto kaj mi, kiuj daŭrigis la stultaĵon. Feliĉe la temperaturo de la akvo estis agrabla.

Strange, fremda sento kaptis mian atenton. Mi ne plu progresis en la deziratan direkton. Mi informis Berton, ke mi deziris renaĝi en la kontraŭan direkton. Baldaŭ tamen, mi komprenis, ke la akvo devigis nin sekvi la fluon, kiu pro la tajdo fluis en la direkton de la maro. Aĉa situacio, ĉar ni nin trovis en la mezo de la riverego. Mi volis diri ion al Berto, sed li reagis per:

"Silentu kaj naĝu, ŝparu vian fortojn, ni bezonos ilin."

Mi klopodis por sekvi Berton. Kiam li rimarkis tion, li iom mildigis la rapidecon por ke ni restu kune. Iom post iom miaj fortoj malŝvelis. Ĉie preterpasis boatoj kaj oceangigantoj. Kiel ni sukcesis eviti ilin, restas granda demandosigno. Mi tamen konstatis, ke ni proksimiĝis al la granda kurbiĝo de la riverego, kie troviĝas la albordiĝejo de la plaĝo *Liefkenshoek* (Amanteta angulo). Mi nepre bezonis helpon, mi ne plu kapablis daŭrigi. La forta amiko turnis min dorse, brakumis mian kapon kaj trenis min plu.

Tiam mi perdis ĉiun kontakton kun la ĉirkaŭaĵo. Berto konstatis, ke li tie povis ekstari. Li, ankaŭ tute elĉerpita, sukcesis meti min sur la sablon, falis kaj perdis la konscion.

Kiom longe ni jam kuŝis sur la benita tero, mi ne scias, sed mi konstatis, laŭ mia akvorezista horloĝo, ke ni almenaŭ pli ol du horojn maljuniĝis. Pene mi ekstaris kaj vidis mian savinton iom post iom reveni en la mondon. Mi genuiĝis kaj plore dankis lin pro lia senlima amikeco.

"Aŭskultu Edvardo, hazarde mi estis la pli forta, vi certe farus la samon por mi. Ne zorgu pri tio. Nia nuna problemo estas kiel reiri al Lillo. Mi konsilas vin neniam rakonti la veron, ili ĉiuj deklaros nin frenezuloj pro nia stultaĵo."

"Bonŝance mi konas la lokon, kaj scias kie, espereble, la pramŝipo ankoraŭ venos."

Silente ni iris al la iom malproksima albordiĝejo de *Liefkenshoek*. Kaj nun? Ni estis vestitaj nur per naĝkalsono, sen mono kaj ambaŭ lacegaj. Feliĉe ĉe la abordiĝejo staris kelkaj atendantoj. La pramŝipo haltis kaj la pasaĝeroj, kun la biletoj enmane, eniris ĝin. La ŝipestro bone kontrolis kaj demandis:

"Nu, junuloj, donu viajn biletojn, mi petas. Sen tiuj, vi ne rajtas kunveturi."

"Senkulpigu, Sinjoro, sed ni transnaĝis ekde Lillo, kaj ne kunportis monon, sed ni certe pagos en Lillo."

"Mi nun volas bileton aŭ monon. Stultuloj kiel vi, kiuj riskis la vivon pro la densa trafiko kaj la fortaj tajdoj. Mi rifuzas nepravigeblajn idiotojn sur mia ŝipo. For!"

Pasaĝero, kiu sekvis la scenon, proponis pruntedoni monon. Eĉ tion la ŝajna timigulo rifuzis. Li kontrolis la horon kaj ordonis malligi la kablojn. Pretaj por fortiri la paŝtabulon, li fikse rigardis nin:

"Mi estas tro bonkora por lasi vin en la mizero. Venu, metu vin sur tiu angula benko kaj ne moviĝu."

"Dankegon."

Nirapidege kuris al la indikita benko. Li eĉ volvis vojaĝkovrilon ĉirkaŭ niajn tremantajn korpojn. Kvaronhoron poste la pramŝipo albordiĝis ĉe Lillo. Denove per raŭka voĉo la ŝipestro ordonis:

"Vi restu surloke kaj vi, fortulo, iru preni la monon. Ek, ek, rapidu, mi ne havas tempon!"

Post ricevo de la biletoj, ni abunde dankis la ŝipestron pro lia bonkoreco. Per mansigno li forbalais la komplimentojn. Kaj laŭtvoĉe, por ke ĉiuj bone aŭdu:

"For! For! Mi neniam plu deziras revidi vin, senrespondeculoj! Danku dion ke vi survivis tiun nepravigeblan stultaĵon!"

Ni konstatis, ke la tendeto kun la velo daŭre staris tie. En la tendo ni trovis la ronkantan Adrianon, kiu pene malfermis la okulojn. Li poste konsultis la horloĝon:

"Diable, kie vi estis? Kial mi devis tiom longe atendi, la aliaj jam delonge forveturis. Nur unu dubis, ĉu ankaŭ li atendu. Nu, rakontu!"

"Ni havis malfacilaĵojn por reveni, ĉar la pramŝipo preterpasas ĉe Liefkenshoek nur ĉiujn du horojn."

"Nu, bone, ke mi kviete dormis."

"Feliĉe vi ne alarmis la sekurinstancojn."

Dum la reveturado, ie apud la ŝoseo, mi proponis halti ĉe teraso de trinkejo, ĉar mi suferis pro soifo. Tie sidis antaŭ grandega glaciaĵo la junularogrupa pastro. Li tute ne sciis ion pri nia arango. Li volonte, kaj ne kontraŭ nia volo, regalis nin per la sama glaciaĵo kiel la lia. Nia aventuro ne restis kaŝita. La postan tagon aperis en la gazeto artikolo pri ĝi. Do certe tiu viro, kiu pretis pagi nian bileton ĉe la pramŝipo, estis loka redaktisto, kiu feliĉe ne konis min. Tamen, pli rapide ol la gazeto, funkcias la homa tamtamo. Ili ĉiuj konkludis, ke ni estis tro riskemaj, sed certe kapablaj naĝistoj.

Surprizo

Plurajn jarojn poste, intertempe mi jam havis 30 jarojn, sed daŭre havis kontakton kun la junulara klubo. Jen kaj jen mi ankoraŭ partoprenis en aranĝoj. Sufiĉe strange, la ekskurso de la rondveturado de pli aŭ malpli 60 kilometroj tra la naturoriĉa Kampino[43] okazis nur dek jarojn poste. Siatempe, la organizanto tamen enkalkulis eblan surprizon ĉe la fino. Nia kara ĉiĉerono certe antaŭe esploris kaj kontrolis la rond-veturadon, ĉar senhezite li gvidis nin decideme, eĉ tra la plej mallarĝaj arbarvojetoj. Mi, la ruĝa lanterno kiel bicikla meĥanikisto, ĉiam formis la voston de la karavano. Pro la iom serpentuma vojeto, mi feliĉe malrapide sekvis la vicon.

Kiel fulmo, kiun mi ne povis antaŭvidi, mezgranda hundo kvazaŭ flugis kontraŭ mia biciklo. Frakcion de sekundo poste mi sidis obtuze en la sablo. La kompatinda, pelita hundo malaperis eble ankoraŭ pli rapide ol ĝi aperis. Mi aŭdis nur ĝiajn panikajn hurlojn iom post iom mallaŭtiĝi. Prudente mi ekstaris, kontrolis la tutan korpon. Nu,

---

43 Kampino (*Kempen*): naturoriĉa kaj kampara regiono nord-okcidente de Antverpeno.

bonŝance, mi havis nur skrapvundojn ĉe la manoj, kubutoj kaj genuoj. Mia unua reago estis purigi kaj seninfektigi. Mi do prenis la "unua-help-skatolon" kaj singarde flegis la skrapvundojn. Sed, diable, mi perdis la kontakton kun la grupo!

Nu, en la sablo mi povis sekvi la spurojn, kiujn la aliaj postlasis, sed poste? Per mia orientiĝkapablo mi certe retrovos la vojon al nia vilaĝo, sed Adriano diris, ke li havas surprizon ĉe la eta flughaveno de Brasschaat. Tiun lokon mi ne konis, do mi esperis, ke ili jam rimarkis mian foreston. Post iom da tempo la grupo atingis ŝoseon kaj tie konstatis, ke la ruĝa lanterno mankis. Post nelonge mi vidis Adrianon, kiu rapidpedale venis en mian direkton. Li ne bezonis klarigojn: la ruĝ-rozkoloro de la seninfektiga produkto ne mensogis.

Ĉe la flughaveneto, kie ni haltis, staris tri glisiloj. Ni kunmetis la biciklojn kaj Adriano petis la atenton:

"Vidu amikoj, mia paĉjo Bernardo estas ano de la glisila klubo kaj atendas nin en la trinkejo. Atendu iomete, mi iros por informi lin, ke ni alvenis. Li promesis klarigi, kiel la glisilo funkcias, kaj ankaŭ parolos pri la ebleco aliĝi al la klubo por lerni la arton glisi tra la cielo."

Unue la paĉjo de Adriano invitis nin enveni kaj regalis nin per trinkaĵo. En klasosalono li klarigis la teĥnikojn, eblecojn kaj limojn de tiu belega sporto. La materialo estis la posedaĵo de la klubo kaj tiel la elspezoj por la anoj estis akcepteblaj. Modera aliĝkotizo, asekuro kaj luprezo por la glisiloj. Ekstere ĉe la maŝino li malfermis la kovrilon kaj invitis nin ĉirkaŭi ĝin dum li instalis sin ĉe la pilotseĝo. Li bone montris, kiel la diversaj meĥanikaĵoj funkcias.

"Nu, junuloj, kiu el vi kuraĝas kunflugi?"

Neniu moviĝis, krom la viktimo de la tago: Edvardo!

"Mi ege ŝatus."

"Ĉu vi ne timemas?"

"Tute ne, delonge mi revas havi tiun okazon."

"Do, tiu ĉi aparato estas instruilo, vi sidos ĉe la samaj stiriloj kiel tiuj de la piloto. Tuŝu ion nur kiam mi diras tion. Instalu vin sur la seĝo de la lernanto kaj fiksu la zonon; ĝi samtempe estas paraŝuto. Memoru, ke mi klarigis, ke la ekflugo per la sistemo de la kablo kun distancomotoro estas ege forta kaj kaŭzas preskaŭ vertikalan ekflugon. Ĝi estas ege efika kaj multe pli ekonomia ol la suprentiro per motor-aviadilo."

Li bone fermis la kupolon, elsendis signalon kaj laŭtvoĉe diris:

"Metu vin firme."

La ekflugo estis aparta spektaklo, kaj ja influis la ventrajn muskolojn, sed estis ege amuza. Mi intencis kanti pro feliĉo, sed timis distri la piloton. Tiu, duondorse turnis sin al mi:

"Kiel vi? Ĉu vi ne sentas vomemon?"

"Ne, tute ne, estas granda plezuro."

Denove kaj denove, ĝis-enue, li demandis ĉu mi bone fartas, ĉu mi ne havas vomemon. Fine mi decidis iom babili kun li, por ke li komprenu, ke mi vere estis en bonega stato.

"Diru, kara: Kion vi faras por la ĉiutaga pano?"

"Nu, mia edzino nomiĝas Mirelo Groslot kaj kiel vi certe scias, ni kune havas tri infanojn. Via amiko Adriano estas la plej aĝa. Mi laboras kiel teĥnikisto ĉe granda entrepreno kaj ege ŝatas mian laboron. Kaj vi?"

"Nu, mi laboras ĉe la *Gazet van Antwerpen* en la sekcio de la administrado de la reklamo. Sed diru, via edzino nomiĝas Groslot, tiu nomo malofte troviĝas en la loĝantaraj registroj. Sed bonega ekskolego nomiĝas Umberto Groslot, ĉu hazarde familiano de via edzino?"

Li ne tuj respondis, kontraŭe demandis ĉu li rajtas fari kelkajn ekzercojn, dum ni pli kaj pli suprengrimpis.

"Mi petas vin bone ĉirkaŭrigardi, ĉar mi rimarkas, ke du kolegoj ankaŭ flugas en tiun ĉi direkton. Vidu la rabobirdon, ĝi precize scias, kie la varmaj ventoj puŝas ĝin plej alten. Ankaŭ ni sekvos ĝin kaj certe ankaŭ miaj amikoj faros. Pro tio, se vi bone vidas unu el ili, informu min per la horloĝa sistemo[44]. Kiom bone vi konis Umberton?"

---

44 Horloĝa sistemo: La direkto en kiun oni moviĝas estas la 12-a horo. Se oni rimarkas, ekzemple, ion menciindan 90° dekstre, la direkto estas la 3-a horo.

"Nu, ni estis ne nur bonegaj kolegoj, sed ankaŭ bonaj amikoj, ekde kiam li fariĝis la ĉefoficisto de nia loka oficejo en Sint-Niklaas[45]. Kiel sindikata delegito, mi havas la rajton regule viziti la lokajn oficejojn. Ĉe li la kontakto ĉiam estis agrabla, kaj regule post la fino de la taskoj ni kune vizitis agrablan trinkejon ĉe la Granda Placo. Mi neniam digestis kiel senhonte la kompanio traktis lin, same kiel la familiajn dubojn pri la afero."

"Kion vi scias pri tio?"

"Nu, mi konas la historion de A ĝis Z. Juna kolegino akuzis lin pro seks-kolorita, ne akceptebla sinteno kaj ŝi eĉ akuzis lin pro perforto. Jam ekde la komenco li plendis pri tio, eĉ kiam ni kune sidis en la trinkejo. Ŝi venis sen invito, nur por iom koketi. Ĉiam li afable, sed decideme petis ŝin foriri. Mi konsilis lin voki ŝin en sian oficejon kaj tie klare diri, ke li ne plu deziras ke ŝi serĉu intimecon. Bone, li faris tion, sed ekde tiam ŝi venĝis sin. Ŝi skribis noton al la ege katolikaj direktoroj de la ege katolika gazeto, en kiu ŝi akuzis lin pri seksaj malhonestaĵoj, dum sekson deziris fakte ŝi, ne li. Umberto estis vokita ĉe la direktoro de la personaro kaj petis mian helpon kiel personara delegito. Malgraŭ mia atesto kaj protesto, la direktoro malvarme enmanigis al Umberto la faman formularon C4[46]. Kolere mi diris, ke li

---

45 Sint-Niklaas: Sankta Nikolao, urbo kiu situas en la belga provinco Orienta Flandrujo. Ĝia Granda Placo estas la plej granda vendoplaco en Belgujo.
46 Formularo, kiun oni bezonas por akiri financan subtenon post maldungo.

faris la plej grandan maljustaĵon de sia vivo: maldungi iun sen ia pruvo. Per tremanta voĉo mi diris; sciu ke, aŭ vi nuligas la decidon aŭ morgaŭ kune kun la reprezentanto de la fakorganizaĵo ni deponos plendon ĉe la labortribunalo. Anstataŭ respondi, li malfermis la pordon kaj kriis: "For!".

Ĉe la tribunalo tute sen peno, kun la helpo de bona advokato de la fakorganizaĵo, la juĝisto konvinkiĝis per la firmaj atestoj kaj kompleta manko de ia pruvo kaj decidis, ke Umberto estis senkulpa. Aŭ la labordonanto nuligu la maldungon aŭ pagu gigantan kompensosumon.

Posttagmeze mi iris ĉe la personardirektoro, sed tiu obstine rifuzis nuligi sian decidon kaj preferis pagi la gigantan sumon anstataŭ ol perdi la bonan reputacion de la katolika firmao. Tiu decido estis finfara bato por mia amiko. Mi poste eksciis nur, ke li trovis maltaŭgan laboron kaj ke bedaŭrinde la malfido de la edzino metis grandan pezon en la rilato."

"Dankon, Edvardo, ni nun nepre devas reflugi, ĉar la aparato estas rezervita por la venonta horo. Ni postbabilos en la trinkejo, nun mi bezonas plenan atenton por surteriĝi."

Post perfekta surteriĝo, ĉe la trinkejo, mi regalis mian piloton per bona biero kaj pagis nur dudek eŭrojn por la nekredebla sperto.

"Kiam mi petis aldoni punkton al la tagordo de la entreprena konsilio, kaj komunikis ĉe la fino la dramon de nia kara eksa kolego Umberto, neniu reagis, sed mi tamen vidis la vizaĝon de la personara direktoro kuntiriĝi."

"Nu, kara Ed. Mi estas feliĉa, ke fine mi konas la tutan veron. Bedaŭrinde Umberto ne plu kapablis toleri la malhonoron de la maldungo kaj la familiaj duboj donis la finbaton. Li forlasis la vivon. Se vi foje sentos la bezonon denove kunglisi, vi estas bonvena. Jen mia telefonnumero."

"Dankon! Mi certe revenos."

La sindikatisto

Mia malsanuleja fenestro certe ankoraŭ kaŝas ion, sed mi estas laca kaj ekdormas. Matene mi denove vidas, kie iam staris la tureto de mia laborejo, la loko de la laboregoj kaj sindikataj bataloj, kiujn mi gajnis kaj perdis. La praa romkatolika konservemo de la kompanio kaj ties skrupulaj, akraj sintenoj estis la granda defio. Unue mi tamen aldonu pozitivan noton: nia kompanio estis unu el la unuaj entreprenoj en nia lando kiuj, kiel novjardonaco, donis plian monatan salajrosumon, nomatan "la dektria monato". Tamen la patrisma[47] sistemo funkciis tiel: "Ni permesas vin labori ĉe ni kaj ni bonkore pagas vin." Por ricevi la monatan salajron, la oficistoj devis vici ĉe la ĝenerala direktoro. Li konsultis la salajroliston, precize nombris la biletojn kaj monerojn,

---

47 Patrismo: Doktrino aŭ konduto, laŭ kiu la mastro sola regas la socialajn fakojn de sia entrepreno, prizorgante siajn dungitojn, kiel patro siajn infanojn (laŭ PIV pri la fremdvorto *paternalismo*). -vl

enŝovis la tuton en koverton kaj mem glufermis ĝin. Kompreneble la ĝenerala direktoro dum la enmanigado atendis larĝan rideton vian kaj la "dankegon". La sama sistemo funkciis por la redaktistoj, sed ĉe la ĉefredaktisto. Por la manlaboristoj la direktoro de la komerca sekcio de la presosekcio havis la honoran taskon. La granda avantaĝo de la manlaboristoj: ili pere de sia sindikato, post heroaj kunvenoj, leĝe akiris oficialajn salajrociferojn por ĉies metia specialaĵo, bazitajn sur la laborhorkvanto. Sed por la administrantoj la estraro mem ellaboris aĉan sistemon kun 16 niveloj. Tie ili arbitre, preskaŭ semis, la nomojn kaj la lokon en tiu nekomprenebla ĥaoso. Jes, la nomoj de la aktivaj sindikatistoj pendis ege malsupre. En la plej malalta loko staris la nomo de mia kolego kaj amiko Johano. Kial? Simple, ĉar li, timema modestulo, ne kuraĝis protesti al mia direktoro *Vanden Broek*, la ege silentema Juliano. Li interesiĝis nur pri ciferoj, kiujn li sekure gardis en ŝlositaj tirkestoj kaj laŭ mia scio neniam uzis. Li eĉ apenaŭ interesiĝis pri la kvanto da laboro, kiun la oficistoj faris, kaj, ege grave: al la sinjoro gravis respekti la komenchorojn, certe ne alvenu tro malfrue! Delonge mi martelis kaj plendis ĉe nia direktoro, ĉar Johano kaj mi strukture realigis multajn kromlaborajn horojn. Ĵaŭde kaj vendrede la klientaro rajtis alporti novajn taskojn ĝis la 17-a horo, kaj ili amase profitis de tiu ebleco. La laborfino estis ankaŭ la 17-a horo, do imagu. Tio signifis ses ĝis ok aldonajn horojn semajne, nepagitajn! Fine dum nacia ĝenerala kunveno de la sindikatoj ni amase pledis por ŝanĝo. La nacia socialista partio forte subtenis la aferon, kaj la ministro pri laboro tiutempe estis socialisto. Ene de kelkaj semajnoj la laborleĝo favore ŝanĝiĝis. Armita per la leĝoteksto, mi kontaktis mian direktoron, sed li mansvingis, ne interesita, ke mi lasu lin, tro okupatan pri ciferoj. Mi tamen insistis kaj diris:

"Sinjoro, notu ke se vi ne havos solvon antaŭ la venonta ĵaŭdo, mi avertas ke mi, kiel la aliaj, hejmen veturos je la 17-a horo."

"For! Ĉu vi ne vidas, ke mi ne havas tempon."

"Zorgu ke vi havu – ne estas falsa averto."

La faman ĵaŭdon, mi staris kiel la unua ĉe la lifto. Ĉar ĝi ne tuj alvenis, mi eskapis per la ŝtuparo. Pro manko de personaro, la direktoro kaj la ĉefoficisto nepre klopodis por mem solvi la problemon. Ili laboris ĝis post noktomezo. Vendrede li kolere venigis min en sian oficejon.

"Se vi refaros tion, mi maldungos vin."

"Faru! Mi eĉ esperas tion."

Je la deksepa horo, li jam atendis min ĉe la elirejo. Kolerege prenis min per la vestokolo, sed mi tuj reagis kaj petis la ĉirkaŭantojn noti lian sintenon. Li braksvingis kiel muelilo kaj ĵuris venĝon. Rapidkunveno ĉe la oficejo okazis. Mi min sentis malstreĉita. Unue, ĉar laŭ la leĝo mi estis protektata laborprenanto dum almenaŭ kvar jaroj. Aliflanke mi havis la novan leĝon sub la brako. Ĉeestis la nova ĝenerala direktoro – kiu estis advokato, li nomiĝis Janos

Humberto –, mia direktoro, la ĉefredaktisto kaj la sinjoro, personara direktoro, Juliano *Delafaille*. La advokato petis min klarigi la tutan historion. En la mezo de mia parolado, kiam mi diris, ke la entrepreno ŝtelas miajn monon kaj tempon, la sinjoro Juliano saltleviĝis kaj per ambaŭ manoj tiom forte batis la paletroforman tableton en la mezo, ke la kompatinda tableto kun laŭta bruo ne postvivis la atakon. Mi ĉirkaŭrigardis, sed ne kapablis subpremi mian rideksplodon. La sinjoro Janos petis silenton:

"Sinjoro Eduardo, iru al la nova estonta personardirektorino, la sinjorino Edams Julieto. Ŝi estas ĵusbakita advokato. Bone informu ŝin kaj mi atendas ŝiajn konkludojn laŭ la leĝo."

Mi apenaŭ kapablis forlasi la lokon sen rido.

La rezulto pravigis mian opinion: laŭ la nombro de la plushoroj, la tarifo kreskis ĝis 150 elcentoj de la normala salajro. Aldoniĝis, ke ĉiun plushoron la laborulo povas ŝpari por konverti ĝin al libera tempo aŭ eĉ ferio. La normaligo de mia salajronivelo preskaŭ tuj poste sekvis. Imagu ke mi minacis forlasi la entreprenon, ĉar mi havis oportunan eblecon akiri postenon finance multe pli favoran ol nun. La nura tiklaĵo estis, ke mi devis loĝi en la brusela ĉirkaŭaĵo.

Juliano, mia direktoro, fiere anoncis en la plena salono, kie 16 kolegoj laboris, ke:

"La estraro unuanime akceptas la novan regularon. Ni estonte volas tri aŭ kvar skipojn, kiuj alterne kromlaboros."

La sistemo post mallonga tempo ne plu funkciis, kaj Johano kaj mi reprenis la rutinon, sed multe pli bone rekompencitaj.

* * *

Mi surpriziĝis, kiam du homoj de la 'tru'-sekcio petis al mi interparoladon pro problemo de bruego en la laborĉambro. La sekcio estis nova; ilia sindikata delegito longdaŭre malsanis, do ne povis helpi. Pro tio ili escepte venis al mi. Por plialtigi la produktadon, la teĥnika direktoro elektis novan sistemon kaj oni reedukis la linotipistojn al truigistoj. La problemo estis, ke la novaj truigiloj terure bruaĉis kaj la truigistoj sidis unu apud la alia kvazaŭ en sardinoskatoleto, sen spaco kaj sen sorba materialo inter si. La homoj prave argumentis, ke ili ĉiuj baldaŭ fariĝos surduloj. Per pezaj paŝoj mi iris al la oficejo de la personardirektoro kaj petis tujan interparoladon.

"Kion vi nun bezonas, sinjoro?"

Mi eĉ ne havis la tempon finparoli: li ekscitite kaj kolere reagis.

"Ĉiam la sama kanzono: neniam ni enkondukas ian novan sen ke tuj la protestoj eksplodas!"

"Sinjoro, tiu ĉi afero estas ege grava kaj certe ne helpos plialtigi la produktadon. Mi invitas vin veni surloken por mem konstati, ke labori en tiuj ĉi cirkonstancoj ne eblas".

"Cetere, Edvardo, tio ne estas via tasko, vi reprezentas nur la oficistojn."

"Jes, sinjoro, sed la cirkonstancoj de tiu ĉi afero superas la regularon. Mi nun unuavice defendas homojn, ĉu manlaboristojn aŭ ne.

"Kio okazas nun?"

"Mi interkonsentis kun la truigistoj striki, ĝis kiam vi mem venu konstati la neeblon labori en tiaj kondiĉoj."

"Kion!? Kion!? Vi diras, ke ili strikas!? Kia nepravigebla decido, riski ke la Gazeto ne aperos. Ĉu vi scias, kian damaĝon tio faras ĉe la klientaro; pro striko! Kia skandalo!"

"Ĉu vi scias, kiom da damaĝoj vi nun kaŭzas? Bonvolu trankviliĝi, vi bone scias, ke tiuj homoj ĝis nun neniam plendis. Ili tuj reprenos la laboron, se vi prezentos akcepteblan planon kaj permesas, dumtempe, repreni la laboron laŭ la malnova sistemo. Tiel, ĝis kiam ili, laŭ humanaj kondiĉoj, povos iri en la novan sistemon. Bonvolu sinjoro, sekvu min tien, mi petas."

Post silento, profunda ĝemo sekvis. Oblikve li rigardis min kaj iom kirlis per kulero en sia – intertempe malvarma – kafo.

"Bone, ni iru, sed notu, ke la afero havos malmolan voston."

Ĉe la laborĉambro, la laboristoj, kiuj ne plu atendis nin, rapide malfermis la pordon kaj, iom timeme, silente atendis la sekvojn. Mi invitis la direktoron sidi sur la laboristan seĝon. Mi ordonis al la truigistoj sidiĝi kaj repreni la laboron. Unue hezitemaj, sed subite ili komprenis miajn intencojn. Bruego de premaero kaj fero tuj plenigis la laborejon kaj tremigis la vitrojn. La direktoro rigardis min kaj intencis diri ion, sed vane. Intence mi ne indikis halti: ju pli longe tio daŭros, des pli bone. La direktoro, ne plu sciante kion fari, eksaltis kaj svingante ambaŭ brakojn haltigis la inferan bruegon, diris nenion kaj per grandaj paŝoj forlasis la lokon. Kompreneble mi tuj sekvis. Tion li tute klare ne volis kaj li sendis min al mia laborloko.

Li venigis sekretariinon ĉe si, diktis kelkajn gravajn notojn, kiujn li per aertubo sendis al: la ĉefo de la teĥnika sekcio, la prizorgado, al la ĉeftruigisto – kaj la sekretariino ŝtele informis min, ke ankaŭ al la ĝenerala direktoro. La enhavo sonis pli aŭ malpli tiel: *ni urĝe reprenu la malnovan sistemon ĝis kiam ni trovos decan solvon por la problemo.*

Fino bona, ĉio bona, ĉu? Forgesu! Ĉar iu kanajla kolego petis interparoladon kun la sinjoro Alfredo pro grava missinteno de – jes –: Edvardo. Post nelonge, la sinjoro Delafaille venigis min kaj per tondra voĉo kondamnis mian decidon loĝi dise de mia edzino. Jam delonge la etoso hejme estis neeltenebla: mi ĉiam laboris, eĉ dum semajnfino ĉe ĉina restoracio por alporti nutraĵojn al la klientaro. Iom post iom mi forrabis mian propran korpon, sed tute ne plu sentis lacecon. Nu, mi scias nun, ke mi forkuris, sed ne sciis kial: mia ĥaosa junaĝo, kaj la geedziĝo estis por mi eskapvojo for de la patrina hejmo. Tio puŝis min al la geedziĝo. Sekvis nenombreblaj mizeraj diskutoj kun la edzino, ŝi obstine rifuzis la transloĝiĝon al Bruselo, kie atendis min nova laboro. Pli malfrue mi komprenis, ke mi troviĝis en profunda mensa deprimo, kun neregataj movoj. Ĉu helpon? Neniam mi pensis pri helpo. La edzino, al kiu la fenomeno estis fremda, tamen klare vidis la fenomenon de homo kiu enlitiĝis je la 2-a nokte kaj jam forbiciklis je la 6-a matene. Fine ni decidis ke mi luprenu loĝejeton proksime de la hoteleto de mia amiko, la bonkorulo, la pastro de la malliberuloj. Iom poste ni ambaŭ amike decidis disiĝi kaj fini nian geedzan vivon, ŝi sufiĉe bone konis min por scii, ke mi ne postlasos ilin en mizero. Mia granda zorgo estis daŭre bone finance zorgi por la infanoj kaj ŝi. Mi eĉ petis transkontigi mian salajron al ŝia konto, ŝi redonos la ne uzitan parton. Tio bone funkciis. Feliĉe, ni vivlonge restis en favora, amika kontakto. Kiam ŝi enamiĝis kun alia viro kaj intencis edziniĝi, ŝi demandis ĉu mi pretas vendi mian parton de nia komuna posedaĵo al ŝi; ŝi nepre deziris esti la posedantino de nia domo. Ŝi heredis belan sumon de la forpasintaj gepatroj. Pli malfrue tiu mono utilis al mi por aĉeti domon ĉe *Edegem*, komunumo, kiu situas sude de Antverpeno. Feliĉe mia domo staris nur ok kilometrojn for de la centro de mia kara urbo.

Do Edvardo vivis peke: li ja ne plu loĝis ĉe la edzino kaj certe loĝis kune kun alia virino. Sed male, mi tute ne bezonis virinon por subteni min. Unue mi devis retrovi la normalajn homajn ekvilibron kaj ritmon. Kompreneble la personara direktoro, iam malsukcesa pastro-kandidato, opiniis, ke li rajtas dikti la etikan lecionon. Kiel tondra prediko startis la amuza sceno.

"Disigitaj viroj estas malsukcesuloj, kiuj poste ricevos la fakturon de la bona Dio. Cetere mi bezonas ĉiujn detalojn pri la afero."

"Sinjoro, notu ke mi laboras ĉi tie kiel oficisto, nur mia laboro estas via problemo. Mi scias ke mi dece laboras, tion vi ne povas nei."

"Verdire, bonŝance por vi, se ne, mi delonge jam forsendis vin."

"Kio estas la problemo?"

"Nu, ja, mi bezonas la informojn por la administraj aferoj kaj por kompletigo de via dosiero.

"Ha, ha, ĉu ni estas en Ruslando? Do mi havas dosieron ĉe vi, nu, nu."

"Nun sufiĉas! Mi bezonas tiujn informojn."

"Vi tute ne bezonas ilin, vi volas scii nur pro kiu bazo la juĝisto akceptis la komunan decidon eksedziĝi. Vi eĉ ne rajtas peti tion. Kara sinjoro, se la Kristo iam vere diris: "mi mezuros vin per la sama mezurilo kiel vi dum la vivo mezuris, tiam vi, sinjoro, havos malbonŝancon!"

"For, for! Obstinulo, vi minacas min!"

Ridante pro plezuro, mi forlasis la oficejon.

Al la psiĥologo, kiun mi nun regule vizitis, mi rakontis la historion:

"Nu kara, por via propra bonfarto, mi konsilas forpuŝi ĉiujn socialajn taskojn, ankaŭ kaj certe kiel deputito de la personaro; vi nepre haltigu tiun taskon, ĝi nun ege bremsas vian resaniĝon. Mi volas rezulton kaj nun vi daŭre fuŝas. Vi bezonas kompletan ripozon. Ĉe la venonta vizito mi volas vidi novan Edvardon."

Dum la nokto mi ne trovis eliron de la problemo. Ĉiumatene, la unua faro por mi estis kontroli la tagordon. Tiun tagon denove okazos sindikata kunsido kun la estraro de nia firmao. Samtempe mi rimarkis, ke hodiaŭ mi fidele, sen interrompo, sincere plej bone el 25 jaroj donis mian energion al la faka asocio, por mi kaj la kolegoj. Dum la kunveno, oni certe eldiros kelkajn afablajn klasikajn dankvortojn por mia 25-jara jubileo. Dum la kunveno, nenio okazas. De la dungisto mi ne atendis laŭdon, sed almenaŭ de la sindikataj kolegoj kaj certe de la fakorganizaĵo, ĉar kutime ĝi sendis mesaĝon por gratuli. Nenio okazis. Mi sentis la seniluziiĝon en ĉiuj fibroj de mia korpo. Dum la nokto mi skribis po unu leteron al: la estraro de la kompanio, al la fakorganizaĵo kaj fine al miaj kolegoj de la tuta entrepreno, en kiu mi anoncis mian demision. Tio kaŭzis kvazaŭ bomban eksplodon. Mi rifuzis aldoni detalojn al mia noto. Intertempe, la dorno en miaj okuloj, la sinjoro Delafaille, emeritiĝis. La direktoro de mia sekcio, sinjoro Juliano, pro longdaŭra malsano ankaŭ malaperis el la scenejo.

Strangaĵo sekvis: la sinteno de la estraro komplete ŝanĝiĝis. Monaton poste, belega posteno en la entrepreno disponeblis; esti ĉefo de la loka oficejo meze de la urbo en historia konstruaĵo. Sen granda espero, mi kandidatiĝis. Ene de nenia tempo mi estis nomumita! Kaj ricevis salajron 80-elcente pli altan. Klare ke ili ne plu volis pedikon en la pelto. La prezidanto de la administra konsilantaro, advokato Bolson, mem akceptis min por anonci mian eniron en la mezan kadron de la entrepreno kaj amplekse gratulis min. Unuflanke mi hontis, ĉar mi sciis, ke mi fakte perfidis la kolegojn kaj iliajn mizerojn. Aliflanke, mi fine ricevis la lokon, kiun mi delonge meritis, sed kiun aliaj kolegoj malprave kaptis kaj transsaltis min. Divenu kial …

En mia nova oficejo laboris kvar virinoj, kiuj mirakle bone kaj pace kune pasigis la vivon. Ankaŭ nova sekcio por mi estis tiu de la kontribuantoj. Ilia tasko estis viziti la diversajn ĵurnalvendistojn en la tuta provinco. Ili devis noti plendojn aŭ proponojn, certe por la provizado de la ĵurnaloj en la ĝusta tempo ili liveris orajn poentojn. Ili ĉiam estu pretaj eĉ nokte por helpi la provizadon. Ili ĉiutage raportis la konkludojn. Alia nova sekcio, baterio de 12 urboredaktistoj, laboris laŭ alterna sistemo. Bona interkonsento kun la ĉefo de la urba redaktejo: mi okupiĝis nur pri praktikaj aferoj. La redaktejo estis aparta mondo, en kiu mi ne deziris enmiksiĝi.

Plumdesegnaĵo de Fernand Megens, surpriza donaco de mia amiko artisto okaze de la festo de mia pensiiĝo. La dekstra pordo estas la enirejo de mia oficejo.

Iun matenon – mi ĉiam ĉeestis tie almenaŭ duonhoron antaŭ la aliaj – mi tuj rimarkis ke iu sukcesis ŝteleniri. Li ne forprenis la enhavon de la ŝrankoj, sed ja de la tirkesto de la kaso kaj malplenigis ĝin. Grandaj sumoj neniam restis, ĉar en la vespero, post kontrolado de la konto, mi alportis la monon en la apudan financan establon, kiun mi facilege atingis pere de la ĝardeno, ne forlasante la terenon. Matene mi kontrolis ĉu ĉio ĉeestas, raportis ktp. Tiam mi subbrakigis du ĵurnalojn kaj iris trinki kafon ĉe la famkonata trinkejo *"Den Engel"* (la Anĝelo). Tie kutime jam atendis min kelkaj amikoj, du entreprenistoj, maljuna paro kaj Fernando Megens. Fernando estis pentristo, kiu preferis uzi tranĉileton anstataŭ peniketojn. Dum la tuta tago, se la vetero tion permesis, li eternigis la plej belajn bildojn de la urbo. Mi posedas jam tri artverkojn de li. Poste, okaze de mia pensiiĝofesto, li donacis plumdesegnaĵon de la domo, kie mi tiom feliĉe retrovis la vivemon. Ankaŭ ĉi tie en la jaro 1993, kiam Antverpeno estis la kultura ĉefurbo de Eŭropo, por helpi al la turistoj, ni kune decidis akcepti rekonilon por la alparolebluloj.

Post la ŝtelista historio mi telefonvokis la financan direktoron. Mi sciis, ke ĉe la malplena forlasita laborejo, kiun oni baldaŭ malkonstruos, ĉe la dua etaĝo daŭre staris malnova, peza monŝranko kun aparta cifera sekurigilo. Sed li respondis, ke li certe ne konas la kodon, sed verŝajne la pensiulo, sinjoro Delafaille, povus senpaneigi. Do mi telefonvokis lin. Intertempe la prizorgantoj alportis la plumbopezan ŝrankon. Apud mi la sinjoro, la eksa direktoro Alfredo, unue sidis sur seĝo, sed ĉar la meĥanika kodo troviĝis preskaŭ ĉe la planko, li surgenuiĝis, trovis ĝin, rigardis min kaj diris:

"Ĉu iam vi, en viaj plej sovaĝaj sonĝoj, povis imagi, ke iam mi surgenuiĝus antaŭ vi?"

Post silenteto, mi skue pro ridemo, helpis lin ekstari. Ni kune iris al la apuda trinkejo kaj amike dum longa tempo havis agrablan babiladon.

"Sinjoro, la devo pelas min nun reiri al la oficejo por la financa arانĝo kun la financa establo. Mi nepre adiaŭu. Dankon pro la helpo."

"Kompreneble, vi pravas, cetere mi kaptis pozitivajn sonojn pri via laboro, gratulojn."

Du homoj, kiuj tiom ofte per gestoj svingis malbenojn tien kaj reen inter si, fine pace kaj preskaŭ amike adiaŭis.

La pasio por la montaro

Tiun someran matenon, kiam la flegistino malfermas la kurtenojn, mi vidas tra mia fenestro plaĉajn bildojn de bela somertago. Blua ĉielo kun radianta suno kaj ie en la mezo, unu nubeto, la sola detalo kiu iomete perturbas la tuton.

Kie mi jam vidis tiun bildon?

Preskaŭ tuj, mi denove vidas min en montaro. La blua koloro estas komparebla, kvankam la profunda bluo de la montoĉeno estas alia. Kaj strange: la nubeto estis tie ankaŭ.

La Kvaropo

Ĉe la samklubanoj de BAC, nia grupeto estis konata kiel „la kvaropo": Elio, Jo, Alfonso kaj mi, Eddy. La kvaropo regule kune planis, trejniĝis, vojaĝis al montaro kaj grimpis: kvar viroj kun la sama pasio pri la montsporto kaj la sama amo por la naturo kaj la montaro. Kvar nedisigeblaj, veraj amikegoj. Certe la fakto, ke la sekureco, eĉ la vivo, dependis de la aliaj, kreis apartan, sinceran amikecon. Kvar amikoj, kiuj ĉiuj pretis iri ĝis la fundo por la alia(j). Priskribi tiun amikan senton ne eblas. Ĉu tio signifas, ke ni neniam kverelis? Certe ne, sed ĉiam temis nur pri bagateloj, kiuj neniam postlasis malagrablajn sentojn.

La tiu-jara unua granda komuna grimpado okazis en la — por mi jam konata — regiono de la kabano de Bertol en Svislando. Elio elektis la lokojn kaj la venkindajn pintojn. Li ankaŭ praktike planis la tutan vojaĝon. Jo, kiu profesie estis memstara velfaristo, respondecis pri la financoj. Pere de sia entrepreno, li havis la eblecon malmultekoste akiri la taŭgajn ŝnurojn, tio ja estis granda profito. Alfonso respondecis pri la provizoj kaj mi pri la materialo kiel: risortkroĉiloj, ŝnuroj, ŝnuretoj, kompaso, altometro ktp. Mi ankaŭ kontrolis ĉies materialon antaŭ ol forveturi al la montaro.

Post ĉiu ekskurso mi denove kontrolis la staton de ĉiu materialo. Tio estis delikata kaj necesa tasko. Post bona vojaĝo, kvarope en la granda aŭtomobilo de Jo, ni veturis al hoteleto de Arolo por tie tranokti. Memorante mian promeson faritan al la gardisto de la kabano Bertol, s-ro Johano, mi kunportis dek du botelojn de la fama belga biero *Tripel Trapist* de Westmalle. La *Tripel Trapist*-biero estas konata kiel unu el la plej altkvalitaj bieroj en la mondo. Memoru, ke la gardisto Johano ekkonis ĝin dum vizito al Bruselo. Mi iom subtaksis la pezon de la dek du boteloj. Ĉiu plena botelo pezas 675 gramojn, tio signifis 8,1 kromajn kilogramojn en mia dorsosako. Normale la mezuma pezo de la dorsosako estis inter 21 ĝis maksimume 23 kilogramoj, aldonu la 8,1 kilogramojn de la biero kaj vi tuj komprenos mian problemon. Tamen, danke al mia bona korpa preparo, mi venkis, ne sen peno tamen, ĝis la lastaj metroj la 3.211 metrojn altan vojon al la Bertol-kabano. S-ro Johano, kiel la pasintan fojon, ege afable akceptas nin. Mi tuj konstatis, ke li min ne rekonis. Kiam mi unu post la alia vicigis la botelojn sur la kuirejan giĉeton, li unue mire rigardis min per duonmalfermitaj okuloj. Ĉe la lasta kaj dekdua botelo, mi diris:

"Sanktajn salutojn de la abato de la monaĥejo de West-malle".

"Ha, ha, la eta belgo! Mi tute ne kredis vin, kiam vi faris tiun promeson, gratulojn! Evidente nun estas mia vico plenumi mian promeson; sekvu min."

Li kondukis nin en grandan dormoĉambron kun dek du dormlokoj.

"Neniu ĝenos vin ĉi tie, la tuta ĉambro estas por via grupeto. Instalu vin, intertempe mi preparos vespermanĝon por vi kiel kompenson por la afabla donaco."

Post la enskribiĝo en la kabanlibro kaj la bongusta vesper-manĝo mi kiel la unua enlitiĝis, ĉar morgaŭ frumatene je la kvara kaj duono, ni jam foriros. Ĉar mi konis la regionon, mi akceptis gvidi la du skipetojn de po du kunligitoj. Alfonso estis kun mi kaj la dua skipeto konsistis el Elio kiel la unua kaj Jo, kiu fermis la vicon. Tri noktojn ni loĝis en la Bertol-kabano ĉe s-ro Johano, al kiu mi promesis foje reveni kun freŝa biero, sed certe ne plu tiom da.

La adiaŭo de Johano estis kortuŝa. Hodiaŭ ni faros longan, sed facilan ekskurson. Nia celo estis la Kabano de la Dekopo (*la cabane Des Dix*).

La Valo de la Dekopo, la Lago de la Dekopo, la Baraĵo de la Dekopo – kio do estas la rilato al la nombro dek? Tion mi min demandis jam delonge. La resumo de la sekvonta teksto, kiun oni retrovis en la lokaj arĥivoj, eble klarigas tion. Poste mi refaris la grimpadon kun sukceso al la pinto de la Blanka

Monto de Ŝejlon (Cheilon), 3.870 m. De tiu pinto mi rigardis en la valon, kiu etendiĝas al la nordo. Tie, ĉe la maldekstra lagobordo, troviĝas malgranda ebenaĵo. Iom pli malalte, ĉe rokgrupo, troviĝas kaverno. Antaŭ pluraj jarcentoj arbarego de pinarboj kovris la valon, en kiu ursoj, vulpoj, lupoj kaj diversaj aliaj bestoj abundis. La kaverno estis la kaŝejo de banditoj, kiuj vivis de ĉasado kaj por iom ŝanĝi la menuon, ili iris al la valo por senkompate prirabi la vilaĝojn je fromaĝo, pomoj, terpomoj ktp. La banditgrupo konsistis el dek membroj. La vilaĝanoj de la du proksimaj vilaĝoj decidis defendi sin kontraŭ la „Dek". Ili sukcesis definitive forpeli la banditojn, sed tamen tiuj ĉi postlasis sian nomon al la valo: „La valo de la Dekopo".

Preskaŭ sen ripozo ni alvenis ĉe la kabano *des Vignettes* por manĝeti kaj iom ripozi kaj tuj ni daŭrigis la marŝon al la Kabano de la Dekopo, ĉar tie atendis nin ok amikoj de la antverpena BAC-sekcio. La ĝoja revido kaj amikaj salutoj de la samklubanoj promesis bonan etoson.

Neniu povis antaŭvidi la aĉan konduton – la tagon poste dum la ekskurso – de du partoprenantoj. Antaŭ la vesper-manĝo la grupo kunsidis por organizi la sekvatagan grimpadon. Mi antaŭe elektis la du progresantojn por akompani Elion kaj min. Por la aliaj mi elektis ne nur la ĉefojn de la diversaj ŝnurunuoj, sed ankaŭ decidis kiel kunmeti la aliajn ŝnurunuojn. Mi kunmetis ilin laŭ la kono kaj sperto. Ĉe la kunsido mi prezentis tiujn proponojn, kaj neniu kontraŭis ilin.

Du el ili havis sufiĉe da kono kaj sperto por konduki ŝnurunuon. Kvar ne havis sufiĉe da sperto kaj du estis komencantoj. La plej granda grupo, do kvar ŝnurunuoj, sekvos la normalan vojon por suprengrimpi laŭ la suda itinero: al la 3.872 metrojn alta Blanka Monto de Ĉejono. Elio kaj mi kondukos ŝnurunuon kun po unu progresanto kaj intencis malfermi du novajn itinerojn ĉe la okcidenta apika flanko de la belega montego. La du elektitaj itineroj paralele kaj ege proksime unu al la alia kaj krute kaj rekte kondukis supren. Je la kvara matene ni forlasis la kabanon. Dum la unua horo kaj duono la tuta grupo restis kune ĝis la loko, kiun Elio kaj mi elektis. Tie ni forlasis la aliajn. Ili daŭrigos laŭ la normala itinero sub la respondeco de Jo. Neniam antaŭe iu atakis la Blankan Monton de Ĉejono laŭ tiu ĉi vojo. Estis preskaŭ rekta vojo al altebenaĵeto je cent kvindek metroj for de la pinto. Danke al nia sperto kaj bonaj kondiĉoj ni kapablis venki la diversajn obstaklojn, el kiuj unu estis eĉ konata kiel neprenebla. Ĉe la ebenaĵo ni atendis la grupon, kiu sekvis la normalan vojon. Ili bezonis multe pli da tempo, ĉar la normala vojo estas relative facila, sed multe pli longa. Post iom da ripozo mi inspektis la lastajn metrojn al la pinto. Malgraŭ la beleco de la lastaj metroj kaj la unika pejzaĝo mi malfidis la kvaliton de la neĝo, kiu kovris la ege mallarĝan kreston, kiu kondukas al la pinto. Mi vokis Elion por informi, ke mi malkonsilas daŭrigi ĝis la pinto, ĉar la neĝkovrita dorso ĝis la pinto estis klare malstabila. Elio, rigardante la kreston, kapneis kaj konfirmis mian konstaton.

"Laŭ mi vi pravas, sed vi decidas kaj respondecas."

""Dankon, via opinio konfirmas la mian. Ni atendos ĉi tie la grupon kaj ni kune reiros laŭ la normala itinero."

Ankaŭ la aliaj grupetoj bone progresis kaj alvenis ĉe la rendevuejo antaŭ la planita tempo. Kun peza koro, mi komunikis mian decidon kaj klarigis la kialon. Mi vidis la elreviĝintajn vizaĝojn. Preskaŭ ĉiu akceptis la verdikton, escepte de Jorgo kaj Jozefo. Ili forte protestis kaj postulis daŭrigi ĝis la pinto. Ĉar mi ne cedis, Jorgo, meznivela progresanto, kolere saltis antaŭ min kaj insulte diris:

"Kion vi pensas, malkapablulo? Ĉu vi pensas ke je apenaŭ cent kvindek metrojn for de la pinto vi kapablas haltigi min?"

"Estas mia devo antaŭmalhelpi memmortigon, vi konas la regularon, sufiĉas! Ni iom manĝos kaj ripozos ĉi tie, kaj post dudek minutoj preparu vin por malsupreniri."

Malgraŭ la protesto de la tuta grupo, la du ribeluloj preparis sin por daŭrigi.

"Ne daŭrigu! Tio ne estas peto, sed ordono! Mi ne intencas poste riski mian vivon por savi la vian! Iru ludi per ludglobetoj, la montaro ne estas ejo por fraŭlinetoj!"

Malgraŭ la interveno de Elio kaj Jo, la du ribeluloj foriris. Apenaŭ ili faris dek paŝojn al la komenco de la kresto kaj troviĝis rekte antaŭ ĝi, kiam fortega bruo de lavango plenigis la aeron. La ribeluloj malantaŭen saltis. Pli ol la triono de la neĝo de sur la kresto ĝis la pinto, kun bruego kvazaŭ fulmtrafita malsupren falis. Jorgo kaj Jozefo konsternite vidis la sekvojn de la lavango kaj singene ne plu kapablis diri ajnan vorton. La okulojn direktitaj al la ŝuoj ili revenis kaj kune kun la grupo malsupreniris. Por la reiro al la kabano, ni evitis la lokon, kien la lavango falis, ĉar tie postsekvaj lavangopartoj – neĝo, glacio, sed ankaŭ ŝtonoj – endanĝerigis tiun vojon. Post la vespermanĝo en la kabano, Jorgo kaj Jozefo venis al Elio kaj mi.

"Eddy, dankon. Danke al la mallonga tempo, dum kiu vi prokrastis nian foriron, vi ŝavis nian vivon. Senkulpigu nian absurdan sintenon."

"Mi akceptas vian senkulpigon, sed vi sciu, ke ni raportos tion al la klubestraro, kaj ili decidos pri la konsekvencoj."

Helpo ne plu eblas

Por profiti de la bela vetero, ĉar pro la ĉeesto de blua ĉielo, la suno, kaj jes, sufiĉe strange, la nubeto, ni restis surloke, ripozante post nia makabra aventuro, survoje al la pinto de la *Dufourspitze*.

Komence de Aŭgusto mi ricevis leteron de Elio, en kiu li detale klarigis la planojn por la ekspedicio komence de Septembro. Se la vetero favoros, ni suprengrimpos entute 17.500 metrojn ene de nur unu semajno. En la listo troviĝis pluraj trimiluloj kaj tri kvarmiluloj: Zinalrothorn 4.221 m, la Dom 4.545 m kaj la Dufourpinto 4.634 m. Mi bone preparis min, ĉar dum Aŭgusto sen gravaj problemoj mi faris plurajn surgrimpadojn, interalie denove sur la plej alta monto de Italio – la Granda Paradizo – kaj la fama franca kaj itala Blanka Monto laŭ la itala flanko. Tiu lasta fariĝis ege malfacila pro diversaj kialoj. Kune kun mia japana amiko Jasuo, sen problemoj ni atingis la kabanon, nu diru kabanaĉon aŭ pli bone: ŝirmejon. Dum la nokto fulmotondro minacis nin kaj la forta vento brue skuegis la ondumantajn zinkajn tegmentojn.

Frumatene ni daŭrigis la ekskurson, sed la freŝa neĝo kaj forta vento malfaciligis la grimpadon. Kvazaŭ mirakle ĉe la supra pinto la nuboj malaperis kaj de tie ni vidis la tutan ĉirkaŭejon ĝis la malproksima horizonto. De tie, ĉie kie la kondiĉoj ebligis tion, ni glitis per mallongaj plastaj skioj, en kiujn oni enŝovas la montŝuojn, malsupren laŭ la belega kaj impona Glaciejo de la Granda Hino. Tiun tagon la vetero vere dorlotis nin. Ni forlasis la kabanon de la Granda Mountet kaj ekmarŝis al la piedo de la Zinalrothorn, la unua grandulo, kiun la kvaropo atakis. Kiel kutime ni bonege antaŭstudis la elektitan itineron. Elio elektis la klasikan Nordkreston, nu, klasikan … Certe ne estis la plej facila grimpado, ĉar por atingi la pinton oni unue devis venki plurajn malfacilajn *passages* (pasejojn) kiel: *Le Rasoir* (La Razilo); tie la kresto estis tiel akra, ke ne eblis transiri ĝin piede: aŭ oni sidu sur ĝi kiel sur ĉevalo aŭ prenu la akran kreston per ambaŭ manoj kaj metu la piedojn kontraŭ la roko kaj progresu kiel krabo. Alia obstaklo nomiĝas la Sfinkso, ĝi konsistas el oblikvaj platoj. La lasta kaj certe ne la plej facila estis la *Bosse* (Ĝibo), ĝi estas kvardek metrojn alta, orta ĝibo.

Revene ĉe la kabano ni rapide manĝis ion, reiris al la parkejo de *Zinal*, kie la aŭtomobilo atendis nin kaj tuj veturis al la vilaĝo *Randa*, de kie en la sama tago ni supreniris al la Domkabano (2.940 m). Krom la Nigraj Rokoj, la konataj unuaj obstakloj, la dua giganto, la *Dom* (parto de la Miŝabelgrupo) aldonis novan ĝenon. Hieraŭ posttagmeze granda lavango kun grandega bruo alvaliĝis kaj nun ĝi baris la normalan vojon. Ni do lasis la glaciejon je nia maldekstra flanko kaj supreniris laŭ ege kruta montkresto. Revenvoje, mi estis iom laca kaj petis Elion halti. Elio, kiu rimarkis, ke Alfonso staris sur la ŝnuro per la akraj grimpferoj, surprize kaj forte ekskuis la ŝnuron kaj Alfonso ŝanĉeliĝis kaj falis en la neĝon.

"Ĉu vi konscias, Alfonso, ke ni ne plu povas uzi tiun ĉi ŝnuron?"

Eĉ se ĝi ekstere tute ne aspektis difektita, la interna parto eble ja estis, kaj pro sekureco ni ne plu uzis ĝin. Jo prenis novan ŝnuron el sia dorsosako. Kiel hieraŭ ni haltis ĉe la kabano. Tie ni manĝetis, tuj poste malsupreniris kaj aŭtomobile veturis kiel eble plej rapide al *Zermatt* kaj parkis la aŭtomobilon sur parkejo ekster la urbo, ĉar aŭtomobiloj estis malpermesitaj en tiu ĉi urbeto. Per speciala vagonaro ni suprenveturis al la fama *Gornergrat*dorso. La celo estas la Monteroza Kabano.

Dum ni preparis nin por transiri la monterozan glaciejon, la vetero rapidege ŝanĝiĝis. Densa nebulo subite kovris la tuton. Tamen la glaciejo ĉi tie estis ege larĝa kaj preskaŭ ebena. Ni sciis, ke ni helpe de la kompaso sen problemoj atingos la Monterozan Kabanon. Post pli aŭ malpli tridek minutoj, mi haltigis la grupon.

"Eddy, kio okazas?"

"Silentu kaj aŭskultu, mi aŭdis iun kiu krias por helpo."

Jes, ege klare ni aŭdis virinajn voĉojn kiuj kriis por helpo. Malgraŭ tio ke ni konstatis, ke ili troviĝis tre proksime, ne eblis vidi ilin aŭ lokalizi la voĉojn. Mi proponis al Elio preni la tri ŝnurojn, kiujn ni kunportis (2 · 40 m. kaj 1 · 80 m.) kaj kunligi ilin. Mi nodis min al la ekstremo kaj petis iun teni la alian ekstremon.

"Kion vi intencas fari, Eddy?"

"Nu vidu, vi restu surloke, unue mi iros en la direkton de la kabano, ĝis kiam la ŝnuro ne plu permesos iri pli malproksimen. Poste mi faros grandan cirklon ĉirkaŭ vi, per iom da bonŝanco mi tiel malkovros la kompatindulinojn."

Prudente pro la densega nebulo mi plenumis la planon kaj jes! Mi trovis tri junajn virinojn, kiuj ne plu kapablis orientiĝi kaj kiuj saĝe restis surloke. Sen pliaj problemoj ni sepope atingis la kabanon. Dumvoje ili rakontis, ke ili ĉiuj estas flegistinoj kaj koleginoj en la svisa urbo Zuriko. La vespero estis ĝoja kaj la kabangardisto, kiu pensis ke ni estas kunaj, loĝigis nin en la sama ĉambrego sur grandega lito kun pluraj matracoj. Mi kuŝis apud – nu, la nomon mi forgesis, sed ŝi loĝis en strato kiu nomiĝas Spinnstrasse en Zuriko … Estis la unua fojo ke mi bedaŭris la fruegan ellitiĝon; je la kvara matene ni jam eksuprengrimpis la faman *Dufour*pinton kaj forlasis la varmegan dormlokon. Nu, dormloko ... La stelriĉa ĉielo promesis denove belan veteron, kaj neniam en mia tuta alpistkariero mi spertis tiom varman veteron ĉe tiu alteco. Ĉirkaŭ la oka matene ni haltis por iom ripozi kaj manĝi. Ni nin trovis sur la mallarĝa montkresto je pli aŭ malpli unu horo for de la pinto. Mi sidis sur ŝtono kun mia dorso direktita al la pinto. Unu metron pli malalte sidis Alfonso kaj ankoraŭ iom pli poste sidis Elio kaj Jo. Dum mi ĝue rondrigardis, mi klopodis rekoni la diversajn ĉirkaŭantajn montpintojn kaj admiris la belegan panoramon. Subite ŝoko trafis min, ĉar maldekstre ĉirkaŭ dek kvin metrojn pli malalte, mi vidis ŝnuron ĉirkaŭ elstaranta rokpinto.

"Elio, venu mi petas."

"Nu, kara, mi unue deziras kviete formanĝi mian buterpanon."

"Ne, venu nun!"

Alfonso ne sciis kio okazas, sed sin iom flankenŝovis, por ke Elio povu veni al mi.

"Nu, kio estas tiel urĝa?"

Per la fingro mi indikis la direkton. Kiam Elio vidis la ŝnuron, li diris:

"Nu, nu, kion ni tie malkovros? Nu ja, vi rimarkis tion, do la aferon esploru vi."

Rapide ni preparis mian malsupreniron.

"Ĉu vi pretas, Eddy?"

"Jes."

"Estu singarda, kaj sukceson!"

Ĝis la rokpinto mi ne povis vidi ion, sed tuj poste: damne! Kaj forglutis la abundan salivon. Du homoj pendis dudek metrojn pli malalte. Singarde mi alproksimiĝis al la du korpoj. Mi konstatis, ke temas pri junuloj, verŝajne paro. Laŭ la aspekto, ŝi verŝajne subite mortis pro la kolizio kontraŭ la roko kaj li – se li ne tuj mortis – certe pereis pro la nokta frostego. Helpi ne plu eblis. En la momento, kiam mi konsternite denove atingis la amikojn, montgvidisto – kiu jam revenis de la pinto kun kliento – malafable komandis flankenŝoviĝi por ke li povu preterpasi. Kiam li aŭdis la klarigon de la ĝeno, li diris multe pli afable:

"Se vi povas daŭrigi la grimpadon, faru; mi informos la gardiston. Ĉu vi certas ke ili ne plu vivas?"

"Certe, mi bone ekzamenis, kompreneble mi ne estas kuracisto, sed tamen scias, ke ili forpasis. Ambaŭ korpoj estas frostiĝintaj."

Ni bone atingis la plej altan svisan pinton. La etoso estis „minora" pro la ŝoko, kiu ĝisfunde trafis nin. La akcidento malfruigis nian horplanon. Intertempe la temperaturo fariĝis tiel alta, ke mi sidis apud la kruco ĉe la pinto en nur pulovero, kiun mi poste eĉ demetis. La videblo pro la bonega vetero ebligis ĝui la pejzaĝon, kaj dum kelkaj minutoj mi forgesis la kompatindajn junulojn, sed ne por longa tempo: la bruo de helikoptero atingis nin. De nia alta pozicio ni vidis, kiel tiuj kuraĝaj homoj plenumis sian danĝeran taskon. Ĉe nia reveno en la kabano la gardisto klarigis – rezignacie – ke tiuj junuloj ne estis la unuaj kaj ne estos la lastaj, kiuj neglektis dece plenigi la kabanlibron. En ĝin oni nepre notu: la daton, la nomon, de kie oni venas kaj kien oni iras. Li ĉiutage kontrolas la libron kaj diris:

„Vidu, tiu juna paro menciis la alvenon, sed ne notis la grimpadon al la Dufourpinto. Kiel diable mi povas scii, ke ili ne revenis de la ekskurso! Vi almenaŭ bone menciis vian planon, kaj revene vi denove menciis vian planon malsupreniri. Se ankaŭ ili estus farintaj same, mi certe jam hieraŭ alarmis la sekurskipon kaj ili eble ankoraŭ vivus nun."

Mi, malantaŭ Elio kaj sur la Dufourpinto, sekurigita per ŝnuro ankaŭ mantenis la feran krucon, kiu ornamas la pinton de la plej alta svisa monto. La mortiga akcidento denove klare montris, ke multaj homoj apenaŭ aŭ tute ne scias kiel uzi la ŝnuron aŭ eĉ sin demandas kial kunporti tiun pezan bezonaĵon. Kiam grimpulo stumblas kaj falas en abismon, ne eblas teni la falantan kunulon, kontraŭe, same kun la alia, oni pereas.

Tio estis la argumento, kiun mi jam oftege aŭdis de la sensciuloj. Unue la ŝnuro inter la homoj ĉiam estu bone streĉita, tamen sen ĝeni la alian. Ĉe malfacilaj aŭ danĝeraj lokoj, oni neniam samtempe marŝu aŭ grimpu kaj, se eblas, tiu, kiu sekurigas, zorgu esti mem sekure ligita al hoko aŭ roko. Se, kiel okazis ĉe la junuloj, iu falas, la alia senhezite saltu en la alian flankon de la kresto. Tio estas la nura ebleco por eviti la katastrofan falon de la ŝnurunuo. La mezuma eltenforto de la 12 mm dika ŝnuro estas pli ol 1.600 kilogramoj. Se oni ne kuraĝas – sen pripensi – salti en la kontraŭan abismon, oni absolute ne kapablas teni la kungrimpanton kaj kune falas en la abismon. Tiun sintenon oni nepre denove kaj denove martelu en la kapon, por ke ĝi fariĝu aŭtomatismo.

Akcidento kondukas al klarigo

Tamen, eĉ la plej lerta alpisto povas havi akcidenton, kiel pruvis la montegoj: Blanka Dento kaj la Granda Kombino. Jam delonge ni klopodis venki ambaŭ, sed ĉiam la malbona vetero devigis nin rezigni pri tiuj planoj. En la pasinta printempo la koridoro de la normala itinero de la Granda Kombino rompiĝis kaj entombigis kvar skiantojn. Pro sekureco ni preferis lokan ĉiĉeronon por tiuj grimpadoj. Ekde la unua momento la kontakto kun s-ro Rajmondo Anĝelozo[48] estis kvazaŭ ni konus lin jam delonge. Li estis profesia montgvidanto kaj ski-instruisto. Mi ege feliĉis, kiam li

____

48   En la franca: Raymond Angeloz [_remón anĝeló_]).

elektis min por sia ŝnurunuo; la tri aliaj kune formis la duan ŝnurunuon.

Finfine ni sukcesis bridi la famajn montojn: hieraŭ ni venkis la pinton de Dufourspitze kaj ni restis ankoraŭ nokton kiel gastoj en la kabano. Kaj de tie ni la postan tagon trankvile eniris la valon. Sed unue ni devis transiri la vastan glaĉeron. Ĉe nia reiro de la kabano Montarosa al la valo, trans la samnoma glaĉero, mi malrapidigis miajn paŝojn kaj komencis fajfi gajan kanton. Belega panoramo montris sin antaŭ ni kun en la malproksimo la majesta Materhorno kiu disvolvis sin ĉe la horizonto kaj nin mallonge forgesigis la rubejon kun centoj da rubosakoj, kiujn iu senzorge ĵetis sur la glaĉeron kaj kiuj post nelonge atingos la valon … Ĝis kiam mia gaja melodio transiris al terura kriego, kiam la grundo sub mi malaperis kun mi en ravinon.

"Eddy! Eddy! Ĉu ĉio bonas?" vokis Rajmondo.

Iom post iom la realeco penetris min, samtempe mi sentis gravan doloron en la dekstra gambo. Denove Rajmondo kaj la aliaj kriis:

"Eddy, respondu, ĉu ĉio bone?"

"Jes fiuloj! Ne klaĉu, eltiru min el ĉi truo!"

Ĝojaj krioj atingis min. Mi ne timis, ĉar mi bone sciis, ke baldaŭ mi denove estos supre ĉe la amikoj. Ne nur Rajmondo, sed ankaŭ miaj amikoj bonege konis la teĥnikon por senpene eltiri eĉ pezan homon el abismo. Intertempe mia tuta gambo, sed ĉefe la genuo doloregis. Mi konstatis ankaŭ, ke mi perdis miajn sunokulvitrojn kaj mian pioĉeton, donacon de mia amiko Alberto.

Dek kvin minutojn poste mi kuŝis sur sekurkovrilo. Ĉio doloris: la kapo, vizaĝo, ŝultroj, ĉiu korpoparto protestis. Rajmondo forprenis mian dorsosakon kaj vidis la kontraŭfalditan genuon.

Akcidento kondukis al klarigo: post la pantalonon, li fortiris la longan ŝtrumpon, ŝirmis per sterila tuko la vundojn kaj kovris la tuton per neĝo. Vole-nevole la dolorlarmoj fluis sur miaj vangoj, ĉar la sendoloriga pilolo, kiun Elio donis al mi, ankoraŭ ne efikis. Rajmondo ordonis al Elio kaj Alfonso tuj iri al la kabano por venigi helpon. Kvankam miaj amikoj al la kabano certe ne marŝis, sed kuris, la tempo ŝajnis por mi ege longa ĝis ilia reveno. Ili revenis kune kun la kabangardisto, kiu tiris specialan glitveturilon. Dum mi estis bone envolvita kaj fiksita sur la glitilo, ili laŭeble plej rapidis evitante malglatetaĵojn por indulgi min. Feliĉe intertempe la sendoloriga medikamento jam ekefikis. Kiam la grupo atingis la kabanon, la helikopterbruo jam aŭdiĝis. Ekde nun ĉio rapidege iris pro la profesia labormaniero de la sekurskipo. Tridek minutojn poste du flegistinoj kuŝigis min en liton de malsanulejo en *Sion*.

Krom kelkajn malfermajn vundojn kaj plurajn internajn hemoragiojn, la kuracistoj konstatis rompiĝon de la patelo de la dekstra genuo kaj ke la kartilago de la genuo damaĝiĝis. La tuto devigos min resti dum iom da tempo en la hospitalo. Mi dankis mian vivon al la taŭga reago de Rajmondo kaj, laŭ la stato de mia kasko, ankaŭ al tiu protektilo. Do fine tiuj kelkaj tagoj en la hospitalo estis nur bagatelo. Denove bona materialo, la teĥniko kaj la scio kiel reagi pruvis sian efikon. Ĉar mi sentis mian vizaĝon dikiĝi, mi deziris vidi ĝin kaj petis spegulon. La neforgesebla fibildo montris: envolvitan kranion, malproporcian nazon, ŝvelintajn lipojn kaj blukoloran frunton. Diable! Mi apenaŭ rekonis min mem. La flegistino, kies tagtasko finiĝis, informis min, ke ŝia kolegino, kiu deĵoris dum la nokto, ankoraŭ preterpasos por aldoni sendolorigan kaj dormigan medikamenton en la enfluigilon.

Ĉirkaŭ la oka horo, flegistino-monaĥino sen bruo envenis en la duonlumigitan ĉambron. Per injektilo ŝi aldonis la medikamentojn en la enfluigilon. En tiu sama momento ŝoko transiris mian tutan korpon: mi rekonis ŝin. Ne dirante vorton, ŝi tiel rapide foriris kiel ŝi venis. Diable, aŭ mi sonĝis aŭ mi freneziĝis, sed mi pretis veti je mia tuta havaĵo, ke mi ne eraris. Mi tuj fermis la kraneton sur la tubeto de la fluigilo. Mi nun ne deziris dormi, mi nepre volis certecon. Mi atendis unu horon, kaj sonorigis. Same mallaŭte, kvazaŭ ŝvebante, la flegistino envenis.

"Per kio mi povas helpi vin?"

Nun mi ne plu dubis, mi rekonis la voĉon.

"Vi bone scias, kiu mi estas, Mariano, ne per mia vizaĝo, sed eĉ antaŭ ol enveni vi ja konis mian nomon."

"Pro tio mi ne ŝaltis la lumon; mi esperis, ke vi ne rekonus min."

"Kial do vi volas kaŝi vin? "

Embarasite ŝi mutis. Mi aldonis:

"Ne estas la momento por multon diri, mi tro suferas. Mi fermis la kranon, ĉar mi planis revenigi vin. Mi deziris certecon. Kiam mi aŭdis vian voĉon, mi ne plu dubis. Promesu rendevuon antaŭ mia foriro."

"Hodiaŭ estas mia lasta nokto. Ekde morgaŭ mi estas libera dum kelkaj tagoj kaj kutime mi tiam restas en la monaĥinejo. Normale mi ne plu revidus vin. Tamen mi komprenas vin, ankaŭ mi havas kelkajn demandojn. Mi sekvos la evoluon de via sanstato kaj kontaktos vin entempe, tion mi promesas. Cetere la kuracisto diris, ke vi estas fortulo kaj rapide resaniĝos. Kaj nun dormu, vi ege bezonas tion."

Ŝi denove funkciigis la fluigilon. Ĉe la pordo ŝi turnis sin, longe rigardis min, diris „*bonan nokton*" kaj abrupte malaperis.

La postan matenon mi sentis min ruino. Ĉiuj rigidaj muskoloj doloris kaj mi ne plu povis malfermi la maldekstran okulon. Posttagmeze miaj amikoj vizitis min. Ili kunportis grandan pakaĵon kun rozkolora banto. Mi malfide malfermis la pakaĵon, ĉar mi iom konis la spritemon de miaj amikoj, sed ĉi-foje mi eraris: novaj pioĉo kaj kasko aperis de sub la pakpapero. Aldoniĝis bela bildkarto de la plej alta svisa monto: la fama Dufour-pinto de la regiono *Monte Rosa*

(Roza Monto). Sur ĝin ili skribis kaj triope subskribis: „Necesa materialo por nia sekvonta defio." Ili ankaŭ alportis bonan novaĵon de la asekuro: Alfonso povis resti ĉe mi, kaj, se mi deziras, mi povas venigi mian edzinon je la kostoj de la asekuro. Tion mi certe ne deziris, ĉar kiu restus ĉe la infanoj? Cetere la lastajn monatojn la rilato kun ŝi malboniĝis kaj mi ne deziris havi iun apud mi, kiu povis nur fari firimarkojn. Kiam ni geedziĝis, ŝi bone sciis, ke mi ne estis poŝtmarko-kolektanto, ŝi konis mian pasion, ŝi bone sciis, ke la montaro kaj la muziko estas mia ellasvalvo[49] pro la sekvoj de mia ruinigita juneco[50] kaj de la streĉega labormedio. Tiu ĉi akcidento denove elvokos mil riproĉojn, kiujn mi konis jam parkere. Ne! Nun mi bezonis la silenton kaj preferis la ĉeeston de la amikoj. Kiam mi kapablos memstare paŝi helpe de lambastonoj, ni trajne reveturos al Belgio en unuaklasa vagono je la kostoj de la asekuro; tiu pagos ankaŭ ĉiujn hospitalajn kaj aliajn kostojn kaj eĉ mian eventualan salajro-perdon. Kiam mi jam ne plu atendis signon de Mariano, surprize per la ĉambra telefono ŝi invitis min veni al la kafejo de la malsanulejo. Nu, pli bone tie ol nenie, kvankam la loko tute ne allogis. Helpe de du lambastonoj mi iris al la indikita loko. Ŝi jam atendis min.

"Ĉu vere ne eblas trovi pli kvietan kaj logan lokon", mi iom insulte diris.

---

49 Ellasvalvo – figure: maniero por trakti malagrablajn sentojn aŭ spertojn, forigi ilin kvazaŭ vaporo el motoro.

50 Pri tio, vidu la librojn de Eddy Raats: "La longa vojaĝo" kaj "Post la pluvo – pluvego" (en la librofina listo *Libroj de Eddy Raats*: la MAS-numerojn 271 kaj 272 respektive).

"Mi supozas, ke vi rimarkis, ke mi estas monaĥino. Mi rajtas paroli kun kiu ajn, sed mi ne deziras veki dubojn per nia renkontiĝo."

"Nu ja, senkulpigu. Mi senceremonie deziras tuj paroli pri la ĉefaĵo. Notu ke mi ne koleras, almenaŭ ne plu, komprenu ke vian strangan malaperon mi neniam komprenis kaj ankaŭ ne vere digestis. Se vi tiam jam havis la planon fariĝi monaĥino, kial vi ne simple diris tion? Aŭ ĉu mi timigis vin? Kial vi neniam respondis al miaj multnombraj leteroj?"

"Ĉu multnombraj leteroj?? Kara, post via vizito neniam mi ricevis leteron de vi."

Mia buŝo duonmalfermiĝis, sen elsendi sonon.

"Cetere la kialo de mia forfuĝo estis klara, ĉu ne?"

"Mi ne komprenas."

"Vi jam havis amikinon, kiam vi loĝis ĉe ni, vi ricevis du leterojn de fraŭlino."

"Kio povus pensigi vin, ke estis koramikino?!"

"Ĉar ŝi uzis parfumitan paperon kaj saman kovrilon."

"Stultulino! Ŝi estis kaj daŭre estas muzikamikino, kun kiu en tiu periodo ni preparis nin por komuna ekzameno de ĉambromuziko. Diable, ĉu oni neniam instruis vin paroli por solvi problemojn? Cetere, en tiu epoko mi honeste skribis al vi pri la teruraj etoso kaj vivkondiĉoj ĉe mia patrino. Certe via patrino neniam estis akceptinta min kiel bofilon. Mi vetas, ke via patrino malaperigis la leterojn, aŭ ĉu vi havas alian klarigon? Kara, ni forgesu la pasintecon. Estu feliĉa pro via elekto. Ne ekzistas ilo por malantaŭenigi la horloĝon, sciu ke mi delonge ediĝis kaj, tio eble ŝokos vin, mi planas disiĝon. Ĝis nun la amo kaj zorgemo por la infanoj malebligis tiun paŝon. Mi lernis defendi min kontraŭ la malbona sorto. Mi tamen estas dankema, ke mi fine konas la stultan kialon de via forkuro."

"Eddy, bonvolu ne pensi tiel, la bona Dio ĉiam ĉeestas por helpi nin."

"Kara, mi respektas vin kaj vian religian konvinkon, sed ne parolu pri la bona dio. Cetere la diskuto ne rilatas al dio. Mi deziris koni la kialon kaj nun akceptas vian decidon, kvankam mi ege dubas, ĉu la kialo pravigas vian decidon. Mi regule vizitas vian belan landon, nur por la montaro kaj la beleco de la naturo, kiun mi per fermitaj okuloj brakumas. Permesu, ke mi vizitos vin kiel fidela amiko dum mi venos en la landon. Mi ne celas esti malagrabla, sed ne preĝu por mi, tio ne havas efikon."

"Stultulo, mi jam faris tion ekde niaj ferioj en Triento."

Ŝi ekstaris, rondrigardis, konstatis, ke neniu ĉeestis, prenis min per ambaŭ manoj ĉe la ŝultroj kaj – kortuŝe kisis min sur la buŝon kaj forkuris.

✳ ✳ ✳

Hejme, mi tuj kontaktis konatan ortopediiston, ĉar mi opiniis, ke la genuo malbone evoluis. Post ekzameno li tamen asertis, ke mi baldaŭ ne plu bezonos la lambastonojn, kaj preskribis kalkmenuon. Komence de la sekva jaro, en Aprilo, mi denove veturis al la rokoj en la sudo de Belgio por trejni min pri rokgrimpado kaj foje iris al la *Hoge Venen* (Altaj Marĉoj) por plifortigi la korpan reziston.

Post laciga laborsemajno kaj rilataj problemoj la rokgrimpado estis senkompare la plej bona rimedo por malstreĉiĝi[51]. Post kelkaj horoj da rokgrimpado la korpo fariĝis lacega, sed la streĉoj malaperis. En la rokoj mi plej ofte trejnis min kun Alfonso, ĉar li kapablis antaŭgrimpi (kiel la unua de la ŝnurunuo) ĝis la nivelo 5,5[52]. Por la pli malfacilaj itineroj, kiuj postulas specialan materialon, mi

---

51   Rokgrimado postulas konstantan atenton: por ĉiumomente trovi la plej taŭgan eblecon supreniri, por kontroli, ĉu la hoko sidas sufiĉe firme en la fendo (oni kontrolas tion frapante per la martelo sur la hokon, kiu devas soni kvazaŭ sonorilo, oni diras, ke ĝi devas „kanti"), atenti pri la progreso aŭ pri la eventualaj problemoj de la kungrimpanto. Krome, ĉe rokgrimpado la du grimpantoj neniam grimpas samtempe – ĉiam unu el ili grimpas, dum la alia sekurigas sin mem kaj tuj poste la alian. Temas pri konstanta kunlaborado, ankaŭ pri reciproka atentigo pri bonaj eblecoj. Ĉio ĉi postulas la konstantan atenton de ĉiu grimpanto, tiom ke ne restas tempo por pensi pri io ajn alia, ekz-e pri hejmaj aŭ laboraj problemoj.

52   Por indiki la malfacilecon de la diversaj itineroj, oni uzas ciferan sistemon. Ekzistas iom da diferenco por taksi, ĉu temas pri la belgaj malaltaj rokoj aŭ ĉu temas pri la sama malfacilaĵo en alta montaro. Ĉiu lando uzas aliajn skalojn, kiuj ankaŭ evoluis en la tempo. Se itinero havis la gradon 5 en la periodo de 1960 ĝis 1970, ĝi ne plu havas la saman signifon hodiaŭ. Se vi deziras scii iom pli pri la diversaj sistemoj, konsultu la koncernan retejon en via nacia lingvo, ĉar tiuj sistemoj hodiaŭ komplete ŝanĝiĝis.

kutime grimpis kune kun japana amiko, kiu laboris en Belgio por japana firmao. Por ne perdi la anecon de la japana klubo, li devis plenumi ĉiujare antaŭdifinitan programon. La japanaj alpistoj, kiuj dum longa tempo troviĝas eksterlande, devas kontakti la lokan alpistan klubon. Li rajtis grimpi nur kun anoj de tiu klubo. La kungrimpanto ĉiam devis subskribi formularon, kiu menciis la faritajn itinero(j)n kaj la grado(j)n.

Kubo

El mia observejo mi trovas la konturojn de la Nacia Banko. Ĝi ne estas ege granda, sed tamen por mi impona. Tute proksime troviĝas la kunvenejo de la Flandra Esperanto-Ligo[53]. Tie mi babilas kun mia amiko Alekso, mia iama Esperanto-instruisto. Ni ambaŭ partoprenos en la Universala Kongreso. Tiun jaron, 1995, ĝi okazos en Tampere, Finnlando.

Julio 1995 – Tampere, Finnlando. Alekso prezentas min al sinjoro Juliano (Julián Hernández Ángulo kaj sinjorino Maritza Gutierrez, la prezidanto kaj la ĝenerala sekretariino de KEA (Kuba Esperanto-Asocio). Dum la interkona babilado Juliano invitas min partopreni en la 2-a KEA-kongreso okazonta en Marto 1996 en Havano. Mi ne tuj estis konvinkita kaj respondis per "Eble". Sub la influo de Alekso ŝanĝiĝis mia opinio al 'kial ne'. Alekso ne nur akompanos min, sed jam antaŭe vizitis Kubon. Verdire mi aliĝis al la kongreso kaj eĉ vojaĝis tien, ni diru, kun la ideo turismi. Se en tiu periodo iu estus dirinta, ke mi baldaŭ amos tiun belegan landon kaj gajaniman popolon, mi certe taksus lin idioto. La idioto tamen pravis, ĉar preskaŭ tuj post mia alveno en Havano mi sentis, ke ne estos la lasta fojo ke mi venos viziti la landon de la barbulo. Tie mi havis la plezuron kaj honoron ekkoni multajn gesamideanojn el la diversaj regionoj kubaj, iliajn viglan kaj ĝojan karakteron kaj certe sentis ilian sinceran amikecon.

---

53 Intertempe nia kunvenejo transloĝiĝis. Ĝi nun troviĝas en popola kvartalo de la urbo, Lange Beeldekensstraat 169, 2060 Antverpeno.

Kubanoj spertas multnombrajn malfacilegaĵojn. Ne nur ekonomiajn, sed ankaŭ transportajn, komunikajn ktp. Diversloke mankis materialo kaj ekzistis edukaj problemoj. Klasika plendo aŭdiĝis, ke eksterlandanoj neniam vizitas la provincajn Esperanto-grupojn; ke tie ili ne havas aŭ tute ne posedas lernolibrojn, vortarojn kaj infanlibrojn. Vole aŭ nevole mi pensis pri la amasoj da libroj sur la breto de niaj kluboj. Kial do ne reveni? Unue por kontraŭdiri la aserton, ke eksterlandanoj neniam vizitas la lokajn provincajn grupojn kaj due, ke post akiro de la tiel bezonata materialo mi povus kombini la viziton kun livero de libroj.

La preparoj

La unua preparo hejmen reveninte: munti la filmon, kiun mi faris dum la KEA-kongreso kaj la posta vizito al *Pinar del Río*, Santiago de Kubo, *Baracoa* kaj Guantanamo. Kelkaj FEL-grupoj,[54] al kiuj mi proponis prelegi pri miaj kubaj spertoj, tuj akceptis mian proponon. Danke al la aktiva helpo de tiuj grupoj kaj al la ege forta rabato de la libroservoj de UEA kaj FEL, pli ol 50 libroj kaj centoj da fotografaĵoj translokiĝos baldaŭ al diversaj lokoj en Kubo. Post prelego en *Turnhout,* urbeto 30 kilometrojn norde de Antverpeno, sinjoro kontaktis la farmacian entreprenon *Janssens*

----

54 Flandra Esperanto-Ligo.

Farmaceutica. Kelkajn tagojn poste ili alportis grandan skatolon da medikamentoj. Multaj aliaj donacoj falis kvazaŭ pluvo en mian domon, entute preskaŭ 150 kilogramoj. Nova problemo nepre solvinda: la flugkompanio *Martinair* permesis kunporti nur 32 kg. Kiu bona spirito enordigis tion, mi neniam scios. Favora vento alportis la adreson de la organizaĵo "La Amikoj de Kubo". Tiu organizaĵo celis maksimume helpi la kubanojn. Ĝia prezidanto akiris la permeson de la flugkompanio, ke ili transportu miajn pakaĵojn senpage. Sekvanta problemo: kiel solvi la doganistajn paperaĉojn? Tiuj ofte rigoraj fakidiotoj malpermesos importi tiom da varoj, libroj kaj medikamentoj. Tri diversajn plastajn botelojn mi ankaŭ kunportis en aparta ŝultra sako kun la bazaj produktoj de vitaminoj A (por okulproblemoj).

La sama spirito flustris "Iru al la kuba ambasadejo en Bruselo". Tie laboris la babilema, ege afabla sinjoro Lic. Medardo Roca Puentes, la unua sekretario, al kiu mi donis la zorge kontrolitan liston de mia transporto. Senprobleme li rapide diktis dokumenton kaj prizorgis ĉiujn bezonatajn subskribojn kaj tri imponajn stampojn. Li diris, ke tio certe helpos. Do mi havis fortan armilon.

Saluton Kubo

La aviadilo atingis 15 minutojn tro frue la flughavenon de Varadero; estis la 13-a de Aprilo 1997. La doganisto rigardis mian pakaĵan turon kaj kuntiris la brovojn. Fingre li demandis klare, ĉu tio estas por nur unu persono? Mi levis la ŝultrojn, post kio li tuj reagis "Ne, ne, ne". Ho, ho, kara spirito helpu! Mi fulmrapide montris la paspermesan dokumenton kiun mi ricevis de la kuba ambasadejo en Bruselo. Li atente legis ĝin, sed, vane, kaj la "Ne, ne, ne" denove sonis tra la halo. Li plantis gardiston apud mi kaj malaperis. Post longaj minutoj, dum mia kompatinda koro batis je 200 kilometroj hore, la sinjoro revenis kune kun – mi pensis – kontrolisto. Tiu unue taksis min kaj poste mian Pizan turon, ĉar intertempe la turo danĝere flanken kliniĝis. Atente li legis kaj relegis la dokumenton, denove rigardis min kaj kiel diplomita papago citis sian doganiston: "Ne, ne, ne." kaj tiel substrekis la opinion de la kolego. Iom malĝentile mi prenis la dokumenton el lia mano. Denove ambaŭ malaperis. Mi supozis, ke ankaŭ ĉi tie oni konis la esprimon "du azenoj scias pli ol nur unu". Denove post longa tempo revenis ne nur la du unuaj uloj, sed akompanis ilin tria, iu pli altranga; almenaŭ la arĝentaj insignoj montris tion. Mi konkludis, ke mia kazo ŝajnas komplika. Antaŭvideble la sceno ripetiĝis kaj ĥore samideane ili kantis "Ne, ne, ne." La tuta teatraĵo rememorigis al mi kanteton pri "dek nigruletoj", tamen kun la diferenco ke nun la cifero kreskis anstataŭ malkreski. Per apenaŭ kaŝita plezuro mi vidis veni, kaj akompanata per or-ornamita uniformo, la kvaropon. Ili firme nun staris ĉirkaŭ la viktimo. La orulo afable salutis min en preskaŭ perfekta franca lingvo. Tute klare tiu sinjoro estis gravulo. Ankaŭ li legis atente kaj tuj ŝanĝis la temon:

"Kie vi loĝas en Belgujo?"

"Mi loĝas apud Antverpeno en komunumo kiu nomiĝas Edegem".

"En la jaro 1958 mi loĝis mallongan tempon en Bruselo en la ambasadejo de Kubo, ĉar mi respondecis pri la stando de Kubo en la fama Expo '58."

"Kompreneble ankaŭ mi ofte vizitis, kaj eĉ koncertis en la preĝejo *Civitas Dei*. Pro manko de mono por pagi min, mi ricevis senpagan abonon. Tio validis preskaŭ por ĉiu."

"Mi gardas ege pozitivajn memorojn de via lando. Estu bonvena en la nia. Ĉu vi havas transporton por Havano?"

"Jes, bonaj amikoj promesis atendi min ĉi tie, eble ili jam atendas ekstere."

"Ha, bone, iru, sed atendu en la angulo tuj kiam vi eliras maldekstren."

Samtempe li ordonas "pozicion!" kaj la kvaropo klak-fermis la piedojn kaj militiste salutis. Kun interna plezuro mi kapsigne dankis kaj pensis "Jes! Mi sukcesis!"

Ekstere nova surprizo atendis min, ĉar nek aŭtomobilo, nek Majra videblis. Nu ja Edvardo, ne forgesu ke vi nun estas en Kubo. Ŝi certe alvenos, verŝajne laŭ la kuba horo aŭ – pri tio mi certis – la aŭtomobilo difektiĝis. Mi instalis ĉion ordeme en angulo, tiel mi havis la senton bone protekti la tuton. La tempo sufiĉe progresis, ĉar amuzis min observi la multnombrajn turistojn el- kaj en-iri la flughavenon. La turista industrio ŝajnis sukcesplena. La unua kontrolisto certe estis laboremulo; li jam trifoje eniris la trinkejon. Certe tie li havis gravan laboron. Ĉiam kiam li preterpasis, li afable mansvinge salutis min. Post pli ol 90 minutoj kaj almenaŭ litro da ŝvito (mi forlasis Belgujon en temperaturo de 9° kaj la mezurilo ĉi tie montras 34°) mia pacienco fine estis rekompencita, ĉar tie alproksimiĝis aŭtomobilo kun apud nekonata ŝoforo la ridanta Majra. Jam dum niaj brakumoj ŝi rakontis la historion. La aŭtomobilo kiun ŝi rezervis – ĉu alia versio eblas? – paneis. Ĉar ne eblis tuj ripari la veturilon, ŝi per dikfingro haltigis aŭtomobilistojn. Multaj ŝoforoj ja haltis, sed ne iris en la bonan direkton aŭ ne havis tempon ktp. Fine ŝi sukcesis konvinki ŝoforon – por prezo ekvivalenta kun nuntempe 10 eŭroj – fari la tutan vojaĝon.

Per granda peno ni sukcesis enmeti la diversajn pakaĵojn en la *Moskviĉon*[55]. Fine restis nur apenaŭ 20 cm da malkomforta sidloko por Majra. Ĉe la unua vojkurbiĝo ŝi malaperis inter kaj sub la pakaĵa lavango. Ŝi ridege rigardis min; mi vidis nur ŝian kapon kaj la bildo restis tia ĝis la domo de ŝia patrino. La tuta familio kore akceptis min. La filino Jessika tuj regalis la ŝoforon kaj min per ladskatoleto da biero – rave!

---

55 *Moskviĉo* (*Moskviĉ*) estas aŭtomobilmarko el la eksa Sovetunio.

Post la bonveniga protokolo kaj freŝa duŝo mi eniris mian ĉambron kun la intenco ripozi. Surprizo: afabla bonveniga teksto kaj belega bukedo da floroj ankaŭ bonvenigis min. Mi kredis, ke ili kune vivas en varma nesto, nepagebla talento.

Nur mallongan ripozon ili permesis al mi, ĉar jam la unuaj vizitantoj anoncis sin. Elkora revido kaj agrabla babilado sekvis kun Georgina Almanza kaj Angela Medezos Pérez.

La vojaĝo, la eventoj kaj la varmego malhelpis bone dormi kaj, ĉar mia biologia horloĝo ankoraŭ ne samhoris kun la kuba horo, mi tro frue vekiĝis, malpakis kaj komencis organizi. Imagu tiom da leteroj, pakaĵoj kaj etaj pakoj, ĉiuj adresitaj, kaj mi promesis persone doni ĉiujn al la adresitoj – kia stultaĵo. "Promesite = farote" restas mia devizo. Unue mi planis bicikle rondveturi tra Havano, sed por mi, tio ne eblis, tute nekonante Havanon, do kion fari?

"Nu simple", diris mia gastigantino, "donu la adresliston kaj mi sendos al ili telegramon. Se ili deziris ricevi ion, ili mem venu ĉi tien. Vi faru nenion kaj dume vi povos ripozi."

La sekvajn tagojn mi apartigis mian tempon inter vizitoj ĉe KEA; la sidejo troviĝis nur je 15 minutojn piede, kaj disdonis la pletrojn kaj paketojn kaj preparis la enlandan vojaĝon. Ĉe KEA mi postlasis 8 librojn por la biblioteko.

Elekti sur papero la diversajn lokojn, kiujn mi deziris viziti kaj kiam, estis nur bagatelo, sed efektivigi tiujn planojn tute ne estis evidenta. Lui aŭtomobilon estis la unua ideo, tio certe estus la plej facila, efika kaj komforta, tamen post informiĝo pri la kondiĉoj kaj prezoj, mi flankenmetis la ideon. Kial ne peti la opinion de Majra? Ŝi tuj proponis vojaĝi laŭ la kuba maniero pere de vagonaro, kamiono, *guagua* [ŭáŭa] (aŭtobuso), ĉevalĉaro kaj taksi-biciklo. Mallonge: per ĉia veturilo trovebla. Nu bone; estos por mi nova sperto, tiel mi eble pli bone komprenos kaj ekkonos la kubanan vivon. Majra akompanos kaj ĉiĉeronos min. Unue mi planis el Havano ekvojaĝi orienten, por poste reflugi el Santiago de Kubo. Majra rimarkigis trafe, ke ne eblas kunporti la grandan skatolon da medikamentoj, destinataj por la malsanulejo, kie doktoro Roberto laboris, tra la lando dum tiom da tagoj, certe pro la nunaj temperaturoj. Ŝi proponis inversigi mian planon kaj unue flugi al Santiago, nia dua haltejo post Guantanamo.

Telefone mi povis informi Roberton pri nia alvena horo. Ŝi okupiĝos pri la necesaj flugbiletoj kaj la troa pezo de la pakaĵo. Konvinkita ke mi konis la vojon al mia loĝejo – jam noktiĝis – gaje mi pedalis al la Majra domo, sed – ho ve – mi ja retrovis la straton, sed ne la domon. Bonŝance Majra, kiu revenis de ĉe amikino, vidis min. Diable, kvarfoje mi preterpasis mian gastejon kaj ne rekonis ĝin. Imagu! Kaj mi eĉ ne estis trinkinta bieron!

La vizito de Onoermis Acuña [*akúnja*] kaj mesaĝo de sinjoro Lamas el Ciego de Ávila ebligis lastmomente ŝanĝi la planojn. Ĝi nun aspektis tiel: 17-04 Guantánamo [*ŭan-tánamo*] – 19-04 Baracoa – 20-4 Santiago de Kubo – 21-04 Contramaestre – 22-04 Holguín kaj Camagüey [*kamaŭéj*] –

23-04 masCiego de Ávila [*siégo de ávila*]– 24-04 Sancti Spíritus – 27-04 Santo Domingo – 29-04 Pedro Betancourt – 01-05 Havano – 02-05 KEA por vespera adiaŭa kunveno – 04-05 Vizito kaj adiaŭa tagmanĝo ĉe Georgina Almanza. En la sama nokto el Varadero la reflugo al Belgujo.

* * *

Post trankvila flugo kaj sen malfruiĝo, ni atingis Guantanamon. Roberto nin atendis ĉe la elirejo de la kontrolo. Malfacilis priskribi la emocian elfluon kiu sekvis dum la revido de nia estimata "teroristo"[56]. Cetere li baldaŭ pruvis ke li estas la plej sprita, ĉar apenaŭ la aŭtomobilo ekfunkciis, li jam pafis spritaĵojn en mian direkton. Mi ne antaŭvidis tiun frontan atakon, kaj apenaŭ reagis, sed atendu, sinjoro doktoro, mia venĝanĝelo certe trovos la taŭgan okazon por repliki; mi havis tempon.

Duonan horon poste en Guantanamo, okazis gaja babilado kun la gepatroj de Roberto kaj pluraj geamikoj, aldone la freŝa biero el ilia fridujo sensoifigis nin. Pro laceco kaj kelkaj bieroj, ne konsciante ke mi estis ankoraŭ tute vestita, mi ekdormis tamen sur la lito en la gastoĉambro. Fariĝis la unua fojo en Kubo, ke mi seninterrompe bonege dormis.

---

56 Teroristo estis la titolo, kiun la partoprenantoj en la dua KEA-kongreso almezuris nin: al Roberto, Norberto kaj mi. Pli malfrue, kiam ni povis retumi, mi konstatis, ke regule retmesaĝoj aŭ ne alvenis, aŭ nur post rimarkinda malfruiĝo. Mi konsilis al la Teroristoj ne plu uzi tiun titolon kaj simple anstataŭi ĝin per majuskla T. Ekde tiam la mesaĝoj denove gaje flugis tien kaj reen.

Vendredmatene, post refreŝiga duŝo, fiere mi povis transdoni la skatolon kun la medikamentoj. La postan tagon mi pludonis la librojn al la urba biblioteko; tie ili havas apartan lokon por Esperantaj libroj. Post la matenmanĝo ni promenis unue ĝis la domo de Germima, por venigi Majran kiu kompreneble akompanos nin. Fariĝis belega, sed varmega vetero, dum nia pieda kaj ĉevalĉara promenado tra la urbeto. La bonŝanco akompanis nin; ni trovis simpatian ŝoforon kun bona aŭtomobilo, almenaŭ laŭ kubaj normoj. Li kondukos nin morgaŭ al Baracoa. Dum lerniga kaj hejmeca rondo en la kultura centro, mi denove spertis lernigan kaj agrablan vesperon en la kompanio de pluraj Esperantaj geamikoj. Belaj kantoj ĉiam mallonge daŭras, ankaŭ ĉi-foje. Ĉu la arta aranĝo, ĉu la vespera etoso, ial ajn, denove mi sentis fortan koran varmecon por tiu ĉi lando kaj ties popolo. Dankon al Roberto, Tirso, Liliana, Elooj, Katiuska, Raoul, Leonardo kaj Gemima.

Baracoa

Baracoa [*barakoa*] estas malgranda komunumo, sed ĝi tamen ludis gravan rolon en la historio de Kubo. Ĝi estis la unua ĉefurbo de la lando. Sufiĉe frue ni aŭtomobile forlasis Guantanamon. Rapide ni veturis inter la akvoj de la oceano kaj la montaro. La vojon, kiu estis en bona stato, oni konstruis en la 60-aj jaroj por ligi per deca vojo Baracoan kun Guantanamo. Tiu ĉi vojo nomiĝas *Viadukto de la Farola*. Mi sidis apud la ŝoforo kaj plene ĝuis la belajn vojaĝon kaj pejzaĝon. Alia rimarkindaĵo estis la husara arĥitekta teĥniko, unika en Kubo. La vojo apogas sin sur rokoj, kaj la alia flanko sur altaj kolonoj. La vojo de la unua parto de nia veturado, ekster Guantanamo, kondukis nin sufiĉe rekte inter la oceano kaj la bela pejzaĝo al montaro. Tie la ĉirkaŭaĵo tute ŝanĝiĝis kaj nun la vojo deklive serpentumis al la plej alta vojo, pasejo por poste malsupren konduki nin al Baracoa. En la mezo de nenie, kaŝita inter arboj, Roberto kaj mi, pere de malfacila aĉa kruta vojeto, pene grimpis kaj trovis la kabanon de Eŭler, deksesjara entuziasta Esperantisto. Li surprizis nin per sia lerta kono de nia lingvo. Roberto, kiam eblis, vizitis ĉi tie la junan grupon por laŭeble helpi la instruadon fare de Eŭler, kiu mem lernis la lingvon per koresponda kurso. Ili vere meritis helpon. Bedaŭrinde nur entuziasmo ne sufiĉas. Mi min mirige demandis, kiamaniere nia kara lingvo iam trovis la vojon al tiu ĉi izolita loko. Post bonega tagmanĝo ĉe 'La Rusa', ni forlasis Baracoan ĉirkaŭ la 2-a posttagmeze. Skuiĝado kaj koliziado daŭris, evitante la plej profundajn kavojn. Ni mallonge paŭzis en Moa, loko kiu invitas pro siaj romantikaj strandoj kaj escepte bela verda ĉirkaŭaĵo. Tie ankaŭ en la griza pasinteco la famkonata ĉefindiano *Hatuej* regis. La naturo dorlotas, sed tiu ĉi vivmedio forte batas.

Baldaŭ *Rio Grande* anoncis sin. Tie ni vizitis la belan kaj bone konservitan domon de tri onklinoj de Roberto. Ili estis la fratinoj de la panjo de Roberto. Ili jam havis la viziton de la loka pastro. La onklinoj regule invitis lin por tagmanĝi; ili sciis ke la afabla homo ne okupiĝis pri manĝo, ĉar ne havis tempon. Post la abunda tagmanĝo mi kaptis la okazon ripozi. Ŝajnis al mi ke Majra ne bezonis ripozi, ĉar ŝi iris por promeni kaj ni revidis ŝin post du horoj. Roberto kiel knabo regule loĝis ĉe la onklinoj kaj li senfine rakontis la aventurojn kaj kapricojn kiun li ĉi tie travivis. Mi konis mian amikon kaj sciis, ke eĉ la plej danĝerajn aventurojn li efektive spertis.

Malgraŭ la malfrua horo de nia reveno ĉe la paĉjo Cutiño ŝi ankoraŭ rapide preparis bongustan kokidaĵon. Kiel kutime, biero ne mankis. Ĉiam mi miris, kiom multege mia amiko manĝegis; tio videblis je lia ampleksa korpo. Ege laca, sed feliĉa, mi enlitiĝis kaj sonĝis pri floroj sur kiuj kreskas montoj – aŭ ĉu inverse?

Roberto fiere anoncis, ke lia kara edzino gravedas.

"Do, kara amiko, prepariĝu por esti la baptopatro de nia novnaskito".

Li taksis la naskiĝdaton ĉirkaŭ la mezo de Oktobro. Mi fervore notis la periodon.

Pro ŝanĝo de la programo ni havis nur unu tagon por la samideanoj en Santiago de Kubo. Frumatene ni rapide trovis veturilon por konduki nin al Santiago. Estis larĝa veturilo, inter kamiono kaj kamioneto. Mi estis bone instalita, eĉ komforte, sed la maŝino obstine rifuzis funkcii. Roberto, kiu nepre volis demonstri siajn fortojn, fortege puŝis la veturilon kaj tiel devigis la motoron funkcii. Dankeme la motoro fekis aĉan nigran nubegon kaj malaperigis la teroriston sub nigra koto; mi ne povis elteni mian ridegon. "Salutojn, Roberto, ĝis la venonta!"

Santiago de Kubo

La *"Ciudad heroe"* (la "heroa urbo")[57]. Malgraŭ la mallonga tempo, kiun ni havis, ni tamen sukcesis kontakti 14 esperantistojn de la loka grupo; la prezidanto estis Pedro Enrique Peña Martínez. La panjo de Pedro estis unu el tiuj patrinoj, kiuj ĉiam zorgeme dorlotis, ne nur siajn familianojn, sed certe ankaŭ siajn gastojn. La hejmeca festeto en privata domo, organizita de la loka klubo, bele sukcesis. La kubanoj denaske estas gitaristoj, kantistoj, dancistoj kaj mi tute certas, ke ili naskiĝas kokso-skuante. Ĉiam denove mi surpriziĝis pro iliaj vivemo kaj ĝoja karaktero. Tio ankaŭ estis ilia forta armilo por travivi la "specialan periodon"[58].

---

57 Tiun titolon – apud "lulilo de la revolucio" la urbo ricevis laŭ siaj pluraj gravaj progresemaj elpaŝoj en la historio de la lando, precipe pro la atako al la kazerno *Moncada*, la 26-an de Julio 1953. Vidu pri tio Fidel Castro: La historio absolvos min (MAS-libro n-ro 170). -vl

58 Periodo de pluraj jaroj ekde 1990, kiam la eŭropaj socialismaj ŝtatoj kolapsis kaj Kubo tuj restis sen ekonomiaj rilatoj, la fabrikoj kaj

Ĉe la loko, kie eblis trovi veturilon por daŭrigi la vojaĝon al Contramaestre, Majra ofte vigle diskutis kun la onta ŝoforo. La impetaj diskutoj, kiujn mi jam havis kun mia vigla, entreprenema ĉiĉeronino, fine instruis min ne plu diskuti kaj atendi; certe ne interveni en ŝiaj klopodoj kiel eble malmultekoste akiri kion ŝi volas. La taksiŝoforoj uzis diversajn malsincerajn argumentojn por altigi la prezojn eĉ post la veturado. Ĉe la monumento de la generalo Antonio Maceo, Majra denove kaptis veturilon, kiu kondukis nin al la 60-kilometrojn malproksima *Contramaestre*.

Inter Santiago kaj Bayamo troviĝas vilaĝo apud la rivero *Cauto* [*kaŭto*]; ĝi nomiĝas Contramaestre. Onoermis Acuña, vigla virineto, bonvenigis nin en la domo de la gepatroj, kun kiuj ŝi kunloĝis. Ŝia filineto ŝajne malfidis min kaj malaperis sub la tablon. Apenaŭ duonhoron poste jam envenis sinjorino Graciela Morgado Rodríguez. Ŝi estis la prezidantino de la loka Esperanto-klubo kaj Esperanto-instruistino. Ŝi instruis al du klasoj: 14 plenkreskuloj kaj pli ol 20 infanoj. Ŝi mem lernis per koresponda kurso kaj instruis ne havante decan instrumaterialon. Klare la alportita materialo ĉi tie estis pli ol bonvena. Tiu ĉi grupo de entuziasmuloj meritis ne nur gratulojn, sed certe helpon. Precipe menciinda estis la kuraĝa Graciela, sen kiu la grupo ne povis ekzisti. Dankon, Contramaestre, mi daŭrigu.

____

ceteraj entreprenoj sen krudmaterialo kaj sen ŝanĝopecoj, kun la rezulto de severaj mankoj kaj porciuma programo.

* * *

Hodiaŭ, la 22-an, la veturaj dioj favoris nin; estis jam la sesa kaj duono posttagmeze. Ni staris ĉe la lokoj, kie la kamionoj forveturas kaj preskaŭ tuj ni – nu, mi volas diri Majra – trovis lokon en veturilo. La ŝarĝaŭtomobilo kondukis nin ĝis Bayamo. Tie preskaŭ tuj ni kamione skuiĝadis al la direkto de Holguin. Ĉi-foje ni havis sidlokon. La suno denove brulis en sennuba ĉielo. Por iom protekti min, mi aĉetis grandan pajlan ĉapelon. Triciklo transportis nin sen problemoj al Isnel Pupo Peña, la prezidanto de la grupo. Li fiere montris al ni la lernejan klason kie li instruis Esperanton. Post hejmeca tagmanĝo, Isnel akompanis nin al la stacidomo. Je nia alveno tie la ĉielo malfermis la kluzojn kaj post momenteto la stratoj ŝanĝiĝis en riveroj. Ni adiaŭis la geedzojn kaj trajnis ĝis *Cococum*. Tie feliĉe sen pluvo ni devis atendi la kunligan trajnon kiu, laŭ la informilo, almenaŭ horon aŭ eĉ pli malfruiĝis. Majra malaperis; iom poste ŝi larĝasvinge petis rapide preni la pakaĵojn kaj sekvi ŝin. Nur kelkajn minutojn poste ni apenaŭ sidis en la vagonaro kaj jam ni ekveturis. Majra rimarkis ĉe la horaroj, ke tiu ĉi vagonaro ja veturos en la bonan direkton, sed haltos en alia stacidomo, de kie ni facilege taksie atingos la celon.

"Kara sorĉistino, kiel vi sukcesis tiel rapide ŝanĝi la biletojn; tio normale ne eblas."

"Nu, mi diris al la ĉefo, ke ni kunportas por malsanulejo ege delikatajn medikamentojn, kiuj urĝe bezo-nas la fridujon."

"Sed, sed ni jam delonge donis la medikamentojn al Roberto, tion vi scias."

"Jes, mi scias, sed li ne."

"Kara diablino!"

Feliĉe ni trovis malplenan benkon en la skuiĝanta kaj ege klakbruanta vagono. En la koridoro inter la benkoj, ie kaj tie, gapis truoj tra kiuj mi vidis la ŝtonojn inter la trakoj. La pripenso pri la malkomforta veturado ĉi tie per ĉia rimedo klare montris, ke ni eŭropanoj estas nekredeble dorlotataj tiurilate. Ni banas en lukso!

* * *

Strange, ĉe la stacidomo de *Camagüey* neniu atendis nin. Ĉu la telegramoj ne atingis la celon? Ĉu miskompreno? Kuraĝa taksi-biciklisto serĉis dum preskaŭ du horoj, sed vane, la adreso ne troveblis. Duondormante mi petis la ŝoforon konduki nin al hotelo. Denove stranga regularo atendis nin, kiam mi mendis du ĉambrojn. La akceptistino rigardis min kaj per kapsigno en la direkto de Majra demandis, ĉu la dua ĉambro estis por tiu? Mi jesis.

"Por la putinoj ni havas apartajn ĉambrojn teretaĝe, ne zorgu pri tio."

Mi vidis la manojn de Majra pugniĝi, sed ŝi pinĉis la lipojn kaj nenion diris. Rapide ni interkonsentis rendevui matene je la 9-a por almenaŭ kune matenmanĝi. Lulkanton mi ne bezonis kaj tuj ekdormis; kia tago!

Matene mi atendis Majra-n ĉe la interkonsentita loko, sed anstataŭ ol veni de iu ĉambro, ŝi envenis en la salono kun bukedo da floroj en la mano kaj papereto kun la adreso de la sinjoro, honora membro de UEA, Raoul Juarez Sedeño. Ŝi jam ordonis taksi-bicikliston venigi la sinjoron en la hotelon. La maljuna, sed vigla sinjoro kun larĝa rido envenis kaj – kvazaŭ li revidus malnovan amikon – li brakumis min kaj aldonis du vangokisojn.

Kvazaŭ grandegan trezoron, li enpoŝigis la leteron de UEA. Dum la longa kaj agrabla babilado mi admire aŭdis perfektan Esperanton. Kia bonega lingva kapablo; espereble iam mi ankaŭ kapablos esprimi min en nia kara lingvo kiel tiu ĉi sinjoro. Kompreneble la bukedo estis por li. Li honoris nin akceptante resti por tagmanĝi kaj li eĉ akompanis nin al la posttagmeza aranĝo de la loka klubo, kies membrojn Majra sukcesis atingi.

Inter la partoprenantoj mi tuj rekonis mian korespon-dantinon Raiza Barbara Almaguer. Mi tamen devis konfesi, ke la korespondado malbone funkciis pro la malbonaj servoj de la poŝto. Kvazaŭ unu kunveno nepre volus superi la alian ankaŭ ĉi tie, la prelegoj, la manĝoj kaj bieroj sin sekvis kun granda rapido. Majra malaperis kaj mi vekiĝis en la domo de Raoul Juárez Sedeño. Rapide mi devis engluti mian tro varman kafon, ĉar Majra sendis tricikliston por venigi min por la sekvonta vagada tago.

Ciego de Ávila

Konstruita ĉe la bordoj de la rivero, Yayabo [*jajábo*] estas malgranda, sed agrabla, intima urbo. Korvarma revido kun Norberto (la dua Teroristo) kaj korvarma bonvenigo fare de lia edzino Yoandra je la 7-a posttagmeze ni jam eniris la domon de sinjoro Lamas Díaz. Sinjoro Lamas ne nur estis lerta esperantisto, sed ankaŭ honora membro de UEA. Certe homo kun vastaj interesoj. Ankaŭ li, kvazaŭ relikvon akceptis la leteron de UEA. Mi senkulpiĝis pro la fulma vizito, ĉar jam je la 10:15 matene ni atingu la urbon *Sancti Spíritus*.

Sancti Spíritus

Norberto estis la eldonisto de *Jajabo*, fama loka revueto. Li estis elstara esperantisto kaj prezidanto de la loka klubo. Mi suspiris; la ripozo bonvenis. Ĉu mi volis iom promeni? Kompreneble mi deziris ekkoni la faman riveron Jajabo, la "*Paroquial Major*" (ĉefa paroĥo), la muzeon de koloniaj artaĵoj kaj la faman "*Puente Yayabo*" (ponto Yayabo). La gravaj eventoj estis programitaj por la venontaj tagoj: la kunsido de la centra komisiono, kaj poste la interfratiĝa aranĝo inter la lokaj grupoj kaj mia klubo, la antverpena "Verda Stelo". Ĉi tie ni postlasis ne nur librojn, sed ankaŭ la

Esperantan flagon – donaco de la antverpena grupo. Dum la interfratiga aranĝo mi rakontis pri miaj vojaĝoj tra la Esperanta mondo. Ankaŭ ĉi tie mi povis pludoni Esperantan flagon kaj plurajn librojn, malavare senpaga donaco de, ekde nun, frata klubo. Hodiaŭ mi havis la tempon por ĝisdatigi miajn notojn kaj ripozi, ĉar ni denove vojaĝos pere de nokta vagonaro. Ĝi dolorĝeme forveturis je la 10-a vespere kaj ni eltrajniĝis ĉe *El Guanito* apud Santo Domingo. Je la 3:30 horo mi enlitiĝis; nu, ekkuŝis sur litrisorto sen matraco. Malgraŭ tio, mi bone dormis; tamen sur mia tuta korpo aperis ruĝaj rondaj strioj. Ŝajnis, ke Montes tute ne dormis, ĉar mi okupis lian liton. La matracon ili metis en la koridoron kaj tie daŭre Majra ronkis. Dum la matenmanĝo jam aperis kvar junuloj, lernantoj de Montes. Ilia bona kaj flua lingva uzo tuj fariĝis la ponto inter ni. Ankaŭ ĉi tie ni postlasis librojn kaj Esperantan standardon, donacon de sinjoro Ton Verwoerd el Heemskerke, Nederlando. En la dua klaso de la mezlernejo "Carlos Chesalles" 22 junuloj lernis Esperanton. Ili starigis interesajn demandojn pri mia lando, mia lingvo, pri montoj, neĝo kaj piedpilko. La estonto de Esperanto en tiu ĉi regiono estis garantiita. Posttagmeze mi kune kun deko da infanoj banis kaj naĝis en la loka rivero. Verŝajne ĉi tie mi infektiĝis kaj ankoraŭ plurajn monatojn poste mi suferis pri nehaltigebla diareo. Ĝis revido, Montes kaj gajaj infanoj.

Pedro Betancourt

Pere de aŭtobuso, vagonaro kaj denove aŭtobuso ni fine atingis la komunumon Pedro Betancourt. La atendejoj por la aŭtobusoj estis duone malfermitaj ŝtonaj konstruaĵoj. Kial diable la ŝoforoj metis la malantaŭan parton de la busoj en la direkton de la atendejo? Ili plej ofte lasis la motorojn funkcii aŭ startigis ĝin en tiu stulta direkto, ĉar kiam ili forveturis aŭ startigis la motorojn, tiuj spruĉis aĉan nigran nubon, kiu grandparte enflugis la atendejon. Mi rondrigardis. Kaj la kubanoj? Ili ne moviĝis kaj bonguste fumis cigarojn … Je via sano!

Ĉi tie mi loĝis ĉe la panjo de José de Jesús Campos Pacheco [*hosé de hesús kampo paĉeko*][59]. Mi vizitis lernejon kie José instruis Esperanton. Li akompanis min ĉie. En apuda vilaĝo *Navajas* la doktorino Nereida Mateu Pereira akompanis oficialan projekton, kiu celis instrui la infanojn pri ĉio kio rilatis al la ĝenerala sanstato, kiel higieno, nutraĵaj kutimoj, kulturo, do vivmaniero. La celo estis influi la gepatrojn pere de la infanoj kaj tiel ŝanĝi malbonajn kutimojn. La mensa higieno estis la dua parto de la projekto, kaj Esperanto estis parto de la lerneja programo en tiu kadro. Ĉe la "ĝis revido" la doktorino plendis, ke ŝi, kiu ankoraŭ studis en la tropika instituto de Antverpeno, ŝatus havi komputilon, kiun ŝi lernis

---

59 Li poste eldonis ĉe MAS plurajn librojn sub la aŭtora nomo Jozefo Kampo Paĉeko, nome la MAS-librojn n-ro 4, 15, 123, 149, 189, 202, 206. Vidu la titolojn en la listo de menciitaj libroj laŭvice de la MAS-numeroj. -vl

uzi en Belgujo. La tempo kiun ŝi nun dediĉis al la projektoj, estus duonigita per komputilo. Mi promesis laŭeble helpi ŝin. Amiko de la organizaĵo "La amikoj de Kubo", kiu vizitis min, kunportos la aparaton al ŝi, kaj do ene de monato ŝi havis la aparaton. Ankaŭ ĉi tie mi fariĝis honora membro de la Esperanto-grupo kaj fiere akceptis la honoron. La kompleta festo kun senpaga trinkaĵo kaj kolororiĉaj tortoj – eĉ intervjuo kun ĵurnalisto – finiĝis nur post noktomezo. Divenu ... la tuton aranĝis mia ĉiĉeronino. Nekredeble!

La postan tagon ni ne sukcesis forveturi, la sango de Majra certe bolis. Ni sukcesis la rondvagadon kun malfruiĝo de nur unu tago! Ŝi strebis perfektecon. Mi apenaŭ elspezis monon danke al la ŝparema Majra. Kiam mi proponis pagi ŝin, decideme ŝi rifuzis. Duonan jaron poste ŝi sendis leteron kaj petis ŝuojn por la infanoj kaj aldonis la piedsignojn sur aparta folio. Denove mi trovis anon de la klubo "La amikoj de Kubo" kiu baldaŭ vizitos la landon de la barbulo. Li volonte akceptis la taskon.

Vojoj al helpo

La du postajn tagojn pere de la aŭtomobilo *Moskviĉ* de la patro ni vizitis, pere de vera monta vojo, unue *Baracoa-n* kaj revene, ĉirkaŭ la pinto, la patro Isbenil forlasis la ŝoseon, sekvis malmoligitan aĉan vojeton kaj fine haltis ĉe tri grandegaj kanaj domegoj. Ĉi tie Isbenil naskiĝis. Dum ni estis tie, en la korto svarmis la homoj kaj infanoj, kiuj gaje kriis kaj dancis. Granda viro, kvazaŭ kopio de Isbenil, bonvenigis nin.

"Edvardo, ĉu vi havas dolaron?"

"Jes Roberto, jen."

"Donu."

Li donis la moneron al knabo kiu, kiel la fulmo, mal-aperis. Preskaŭ samrapide li revenis kun 1,5-litra botelo da akvo. Ah, ah, ne, la fama blanka rumo! Sen ia komplika ceremonio subite rondiris plastaj pokaloj, kiujn oni pludonis al la najbaroj.

"Edvardo, ĉu vi ankoraŭ havas dolaron?"

Kaj rapide aperis dua ekzemplero de, hum, hum akvo … La adiaŭo estis kortuŝa. La nura ne-ebriulo estis mi. Mi ne ŝatis fortan alkoholaĵon kaj ne toleris ĝin kaj sukcesis kaŝe ne trinki aŭ elkraĉi la brulantan akvon …

La hejmen-veturado povus fariĝi katastrofo. Apenaŭ ni malsupren veturis en montpasejon, subite mallonga sed terura ŝtormo preterpasis. La pluvakvo kune kun koto kaj grandaj ŝtonoj plenigis la vojkavon. Feliĉe Isbenil sukcesis haltigi la Trabanton. La brutala ŝtormo foriris, sed la portempa koto-riverego daŭre transportis la ŝlimon kaj estis danĝera pro la ŝtonoj. Por preterpasi, mi proponis piede trairi po unu antaŭ la antaŭaj radoj kaj forĵeti la eventualajn ŝtonojn. Alvenanta en la mezon de la flako, senaverte per granda rapideco, ĵipo el la kontraŭa direkto fosis sin en la akvon kaj bruege koliziis kontraŭ granda ŝtono, faris rondan dancon kaj denove koliziis kontraŭ ŝtonego ĉe la vando. Kvar homoj, kiuj evidentiĝis germanoj, rampis – preskaŭ naĝis – el la tordita fero.

"Dankon pro la kota duŝo, ĉu ne eblis iom trankvile veturi en tia ĉi vetero?"

Nur nun mi rimarkis, ke ili tute ne vundiĝis, sed estis ebriegaj! Roberto diris ne okupiĝi pri ili kaj ni daŭrigis glatigi la vojon antaŭ la radoj de nia fidela *Moskviĉ*.

"He, he, helpu nin. Sen ajna veturilo, ni devos tranokti plenaere!"

En mia plej bona germana mi respondis, ke ili devintus pripensi tion pli frue. Kaj ni forveturis. Tamen la mizero ne finiĝis. Post denove kelkaj harpinglaj kurbiĝoj, ŝtonego blokis la tutan larĝecon de la vojo. Kubano ne estus kubano, se ankaŭ ĉi tie li ne trovus eliron. La amiko de Isbenil, kiu kune veturis kiel meĥanikisto, ekzamenis la situacion, prenis la ilarujon kaj malŝraŭbis la ŝirmilon, kiun li flankenmetis. Prudentege, kaj sen pasaĝeroj, Isbenil sukcesis pasigi la aŭtomobilon preter la ŝtonego. La maldekstra rado preskaŭ tuŝe ŝoviĝis milimetron apud la ŝtonego, la dekstra, malleviĝis iom en la molan deklivan herbgrundon. Mi staris perplekse pro tiom da lerteco. Krom krevita pneŭmatiko ni ne plu havis malbonŝancon. Sonja, la patrino de Roberto, daŭre timeme atendis nin. La tagiĝo jam anoncis sin. La postan tagon Roberto invitis min viziti kelkajn institutojn. Mi tuj akceptis kuniri. Maljunulejo fariĝis la unua surprizo. Ĉie mankis farbo, sed ĉu malpura? Ne, certe ne, sed pro tiu manko la tuto aspektis enue griza. La gastoj samaspektis, ŝajnis al mi, ke ili tute ne havis posedaĵojn. Ĉiuj havis liton, sed eĉ ne noktan ŝranketon.

"Ĉi tie ni multegon bezonas, tion vi povas konstati: ŝrankojn, ŝranketojn, lumigilojn, decajn elektrajn kablojn, ventmuelilojn, malvarmigilojn kaj amason da vestaĵoj. Notu tamen, ke la kapacito de la hejmo estas 75, sed ke nur la duono estas okupata. Tradicie en Kubo, la infanoj gastigas la gepatrojn aŭ inverse. La homoj, kiujn ni ĉi tie gastigas, plej ofte ne plu havas proksimajn aŭ malproksimajn familianojn."

Nu, mi pensas, ke en mia lando la maljunulejoj evoluis de karitata establo al vera industrio …

Junulara handikapitejo estis la sekva haltejo. Tie mizero estis normo. Kanada bonkorulo instaligis tutmodernan kuirejon kun ĉiuj modernaj elektraj aparatoj, sed la tuto funkciis nur je 380 V kaj ĉi tie malregule la instituto ricevis 110 V. Ili havis la plej belan kuirejon en Kubo, sed ne povis uzi ĝin. Krom la samaj mankoj kiel ĉe la maljunulejo ĉi tie la gastoj, kiuj ne povis paŝi, kuŝis sur malnovaj armeaj litkovriloj surplanke, sen lito. Duope la flegistoj prenis ĉe la anguloj la

litkovrilojn kaj tiel transportis la kompatindulojn, ĉar rulse-
ĝoj ŝajne ne ekzistis. Mi ploris. Mi nepre agu, sed kiel?

Parolante pri Kubo, amiko atentigis, ke en la urbeto
Turnhout sinjoro Andre Van Loon kune kun amikoj sukcese
sendis helpovarojn al Kubo. Facile mi trovis la fortulon; li
estis ege konata en Turnhout. Ekde kiam mi ekkonis André,
mia plano ensaltis la rapidfluegon. Unue mi lernis kiel ŝarĝi,
poste kontakti homon en Nederlando kiu zorgis por loko en
ŝipo. Pri tiu sistemo mi prefere ne parolu. André informis
min pri la ekzisto en Antverpeno de sekcio de organizaĵo, kiu
nomiĝas *La Amikoj de Kubo*. Ili kunvenis ĉiun trian diman-
ĉan matenon – certe tie vi trovos helpon. Efektive en hejme-
ca trinkejo urbocentra, okazis interesa kunveno pri la nuna
situacio en Kubo. Tie mi ekkonis Jakon kaj la edzinon Irma.
Kiam ili aŭdis, ke mi ĵus revenis el Kubo, la duan fojon post
la rondvojaĝo tie, ili tuj proponis kune sidi post la prelego.
La plano, kiun mi prezentis, ege interesis ilin: lui magazenon,
kolekti bonajn helpovarojn kaj sendi ilin sammaniere kiel en
Turnhout. Irma promesis prezenti la planon al la estraro, kiu
baldaŭ kunvenos. Jam post du semajnoj Irma telefone
konfirmis la kunlaboron, sed insistis pri 6-monata provo.

Intertempe mi serĉis kaj trovis taŭgan magazenon en
bonega loko ĉe Berchem (parto de Antverpeno). La iama
konstruaĵo de la aŭtomobila inspektado estis forlasita. Eble
kiel magazeno tro granda, sed tio ne gravis. La posedanto
atendis pli favoran momenton por vendi ĝin; ĉiuokaze, se li
vendos, estus por malkonstrui. Li garantiis ĝis ses monatojn

post la nuligo de la kontrakto. La simbola prezo estis € 1, sen pago de fajro-asekuro. Pri pli bonaj kondiĉoj mi nur povis revi. En la komenco la kolektado de varoj ne fluis, sed iom post iom tio fariĝis lavango kaj la donitaĵoj plej ofte estis bonkvalitaj. De sociala organizo mi ricevis amason da rulseĝoj kaj tricikloj kun malgrandaj difektoj, kiujn kubanoj certe kapablus ripari. La situacio de la handikapitaj junuloj en Guantanamo plu fantomis en mia kapo. Nepre mi trovu solvon. Irma certe povus helpi. Ŝi estis ano de la organizaĵo kiu kune decidis pri agadoj kun buĝeto de la urbo.

"Edvardo, preparu dosieron pri la temo, mi traktos ĝin. Bona dosiero estas detale kompleta."

Mi deziris almenaŭ 36 specialajn rulseĝojn adaptitajn al ilia tasko kaj kondiĉoj de la tropika lando. La kontakto kun la fabrikanto iris glate. Li proponis du modelojn ambaŭ kun plenaj pneŭmatikoj. La dosieron en ses ekzempleroj ŝi senhezite prezentis al la komisiono, en kiu ankaŭ la urba konsilanto pri evoluhelpo havis sidejon. La komisiono akceptis la kondiĉojn de la dosiero; mi ricevos la necesan subvencion, kondiĉe ke mi akceptu enketon pri mia personeco. Ili ne nur pagos la rulseĝojn, sed eĉ la transportajn elspezojn. Helpo venis de ĉiuj flankoj. Oni ankaŭ petis al mi helpon por sendi specialajn helpovarojn al Kubo.

La peto de universitata profesoro Piet Van Espen estis aparta rakonto. Lia kuba edzino ankaŭ estis universitata profesoro, kiu havis laboratorion ĉe la universitato de Havano. Ambaŭ havis la saman specialaĵon, nome nuklea ĥemio. Ŝi laboris en Havano, ŝi regule instruis kaj eksperimentis ĉe la tropika instituto en Antverpeno kaj li inverse agis. Profesoro Van Espen, kiu ankaŭ estis ano de la klubo 'La Amikoj de Kubo' telefone kontaktis min kaj invitis min al restoracio kun bona kuirejo proksime de la universitato. Post la klasika prezentado kaj babilado li informis min ke:

"Mi havas multekostan aparaton, kiu kapablas detale analizi likvojn. Ĝi estas tute nova. La profesoro, kiu mendis ĝin, ricevis la aparaton nur la lastan semajnon de sia kariero, du jarojn post la mendo. La nova profesoro ne volas ĝin. Mi havas la permeson sendigi ĝin al mia edzino."

"Tio ne eblas, sinjoro, mi rajtas sendi la helpajn varojn al nur oficiale akceptitaj organizaĵoj de la registaro."

"Jes, tion mi volis diri: estas por ŝia laboratorio ĉe la universitato. Tio do ne povas esti problemo. Tamen atentu, ĉar la aparato pezas 175 kilogramojn."

"Ĉu vi povas transporti ĝin al mia magazeno en Berchem? Ĉu ni diru vendredon post la dua posttagmeze?"

La aparato, bone protektita per ligna kesto, kuŝis sur paledo. Sur la kesto la adresato bone indikiĝis. Morgaŭ ni ŝargos la kestegon, kiu jam staris antaŭ la magazeno. Pluraj amikoj de la klubo, 'la Amikoj de Kubo' venos por helpi. La garaĝisto, fronte de la magazeno, venos por ŝarĝi la pezan keston per levveturilo. Post la laboro mi regalis la helpantojn kaj la garaĝiston en apuda trinkejo. Post ses semajnoj alvenis fakso: "Ni bone kaj sen damaĝoj ricevis la aparaton. Koran dankon". Ekde tiam nia rilato bonege evoluis. Li aŭ ŝi povis jen kaj jen alporti librojn por Vilhelmo, kun kiu ili amikigis.

"Paĉjo, ĉu vi povas uzi 6 aŭtobusojn por Kubo?"

Telefonis mia filo Pedro, li laboris ĉe ministro de la socialista partio de Flandrujo.

"Kompreneble; kio okazas?"

"Nu, temas pri aŭtobusoj, kiuj jam veturis la maksimuman nombron da kilometroj. Laŭ la trafika regularo ili ne plu rajtas veturi en Belgujo. Ne pensu ke temas pri ruinoj. En la riparejo de la busoj oni renovigis ĉion eblan; ili certe ankoraŭ bone funkcios almenaŭ dum pliaj 100 000 kilometroj. Estas donaco de la flandra registaro."

"Nu bone, mi esploros la aferon kaj revokos vin ene de du tagoj."

Tuj mi kontaktis la diversajn homojn, kiujn mi bezonos por tiu ĉi tasko, la rezulto estas pozitiva por ĉiu.

"Ha kara filo, restas ankaŭ du tiklaj demandoj; ĉu mi rajtas malplenigi mian magazenon en la busoj? Sciu ke la transporton oni pagas laŭ la volumo kaj ne laŭ la pezo. Dua pli tikla; kiu pagos la transporton?"

"Aj, mi pensis, ke vi havas monon por tio"

"Afablulo, kiu donus tiom da mono al mi?"

"Nu paĉjo; mi realvokos vin."

Post semajno, fine li revokis.

"Vi bonŝancas, ankaŭ tion pagos la flandra registaro."

Pluraj helpantoj prezentis sin por rapide transŝarĝi la enhavon de la magazeno en la busojn. Mi bonege preparis la operacion por ke la ŝarĝado iru glate. La respondeculo de la busriparejo sendis la busojn per la propraj ŝoforoj al la magazeno; tie niaj amikoj rapidege ŝarĝis la busojn. La tuta operacio daŭris nur 2,5 horojn. Laca sed feliĉa mi regalis miajn amikojn per kesto da biero ĉe la angula trinkejo.

En Havano mi alvenis hazarde en la bona momento, samtempe kun la ŝipo kaj ĝia ŝarĝo. Mi loĝis ĉe André, kiu intertempe edziĝis kun kuba ginekologiino. Tie li akiris belan domon bonege sekurigitan. Posttagmeze, rendevuo kun la respondeculo de ICAP (*Instituto Cubano de Amistad con los Pueblos* – Kuba Instituto de Amikeco kun la Popoloj). Ili ankaŭ respondecis pri la disdono de la donacoj, kiuj cetere estu adresitaj nur al akceptitaj institutoj kaj organizaĵoj. KEA (Kuba Esperanto-Asocio) estis akceptita organizaĵo, tiel mi povis adresi pakaĵojn al ili. Konsternite ICAP bonvenigis min. La serioza direktoro elpoŝigis la liston de la varoj.

"Aĉa grupo rompŝtelis la varojn el la aŭtobusoj, sed atentema havenlaboristo informis la policanojn. Nun 24 ŝtelistoj jam estas arestitaj. Nun mi deziras tuj kontroli la sendaĵon, kaj kiel eble rapide disdoni tion."

Ĉe la kajo dissemitaj kuŝas dekoj da kartonaj pakaĵoj, el kiuj pluraj estis ŝirmalfermitaj. Ni povis konstati ke apenaŭ kelkaj malgravaĵoj malaperis. La direktoro ordonis remeti la tuton ordeme en la busojn. La saman tagon li volis ĉion en ilia sekura magazeno.

"Ĉu oni grave punos tiujn homojn?"

"Divenu, stultulo ŝtelis bankostumon, kiel recidivulo, kaj nun grumblas tri jarojn en malliberejo. Tiu ĉi klopodo estas grava, ĉar ĝi estis grupe organizita. Edvardo, ne hezitu se vi havas problemojn aŭ demandojn, por vi mi ĉiam havos la necesan tempon. Ĝis poste."

Ne longe poste mi reiris al Kubo, por kompletigi la dosieron de la rulseĝa transporto. Armita per fotilo mi busis al Guantanamo. Estis longa nokta enuiga vojaĝo kaj plie ege laciga. Mia kara amiko Roberto bonvenigis min ĉe la-bushaltejo.

Ne miru, se vi meze de Havano vidas flavan aŭtobuson, kiu ĉe la flankoj montras ŝildon *"De Lijn"* (la linio).

Pri mia amiko

Tio okazis en la jaro 1997. La sonoro de la telefono vekis min, iom surprizite mi tuj rekonis la voĉon de itala amikino, Elda Dörfler. Mi ekkonis Eldan dum itala nacia kongreso.

"Saluton Edvardo, kiel vi?"

"Dankon Elda, mi tamen supozas, ke vi ne telefonas por nur saluti min, ĉu?"

"Kiel vi povas diveni tion? Nu, jen la historio: ekde jam dek tagoj mi gastigas la kubanon Pedro Enrike, kiun nia klubo invitis. Mi akceptis gastigi lin, sed ne sciis ke li restos tiom longe. Li insistas organizi ion por ke li povu ankaŭ viziti aliajn eŭropajn landojn. Mi ne konas iun kiu tuj povas agi, ĉu eble vi?"

"Ha, ha, tiu fiulo, jes mi konas lin, lia panjo jam gastigis min en Santiago de Kubo. Mi ja havas tempon, sed komprenu, ke mi unue bezonas esplori la eblecojn, kaj mi ŝatas kombini tiajn okazaĵojn, kiuj ankaŭ por mi estu interesaj. Mi revokos vin ankoraŭ hodiaŭ; ĝis poste!"

Ideoj ne mankis; unu ŝajnis al mi ege interesa. Mi kontaktis sinjoron en Sudfrancujo, kun kiu mi jam havis kelkajn etajn kontaktojn, nome Vilhelmon.

Telefone mi povis atingi la francan ambasadejon en Milano kaj rezervis rendevuon por la posta tago. Se mi sukcesos akiri permesilon por Francujo, ĝi ankaŭ validos por la aliaj Ŝengen-landoj; se ne, mi rekondukos Pedron al Elda kaj petos lin reflugi al Kubo. Ĉiaokaze ni brakume adiaŭis la gastigan paron kaj samtempe mi alvokis mian spiritan helpemulon. La ambasadoro mem akceptis nin. La franca lingvo dum longa tempo estis mia unua lingvo, mi do bone kapablis klarigi la situacion. La sinjoro ambasadoro ŝajne havis tempon kaj pacience aŭskultis miajn klarigojn.

"Ha, sinjoro Edvardo, vi diris ke tio estas vizito aranĝita en Esperanto, rakontu iom pri Esperanto. Kiel junulo mi konis esperantiston, sed fakte neniam sciis ion pli pri tio."

Li ne bezonis refoje peti tion. Ĉe la fino de mia klarigo mi ankoraŭ aldonis, ke Pedro intencas viziti plurajn francajn esperantajn grupojn kaj tie prelegi pri santerio[60], ĉar li estas bona amatora aktoro. Post pripenso, la sinjoro decidis helpi.

"Baldaŭ mi pensiiĝos, mi estas 65-jarulo kaj sopiras vivi en propra domo kun ĝardeno. Mi neniam malobeis la regularon, eĉ ne nun, sed mia decido baziĝas sur fido, ĉar la dokumento balanciĝas sur la limo."

"Sinjoro, mi mem respondecas pri la vojaĝo kaj promesas ne embarasi vin."

"Ĉu kafon aŭ teon? Mi malaperos kaj la sekretariino alportos la necesajn dokumentojn. Ĝis revido."

---

60 Santerio (hisp. *santería*) estas kulto en Kubo (sed ankaŭ aliloke, ekz-e en la ŝtato Bahia, Brazilo), ĉefe de nigruloj. Ĝi devenas el Afriko per la sklavoj, kiuj en Kubo ne rajtis praktiki sian kredon je diversaj spiritoj, kaj kiuj devis akcepti la katolikan dogmon. Por ŝajnigi tiun akcepton, ili simple anstataŭigis la nomojn de siaj spiritoj per tiuj de katolikaj sanktuloj. Tiel ekz-e la sanktulo *San Lázaro* (Sankta Lazaro) reprezentas la aŭtentan *Bábalu Ayé*, kiu respondecas i.a. pri sano, *Santa Bárbara* (Sanktulino Barbaro) la aŭtentan *Changó*, kiu respondecas pri konfliktoj.

"Sanon kaj feliĉon ni kore deziras por via nova vivperiodo. Dankegon pro la helpo."

Tri horojn poste ni staris ĉe la landlimo inter Italujo kaj Francujo, kie franca severaspekta doganisto enuis. Li petis la aŭtomobilajn paperojn, sed kiam li rimarkis la tropikan koloron de Pedro, li ordonis eliri. "Viaj pasporto kaj vizo!" Sen diri vorton, Pedro obeis.

"Ŝoforo, malfermu la kofron! … Diable kio estas tio?!"

Li surpriziĝis vidante la vestaĵojn por la teatraĵo de santerio kune kun la diversaj maskoj. Mi klarigis, ke Pedro estas aktoro kaj ke li faros prezentojn en la tuta lando.

"Ho! Ankaŭ mi estas aktoro; mi min nun preparas por baldaŭ prezenti dramon, en kiu mi estas la ĉefpersonaĵo."

"Gratulojn, sinjoro, mi tuj tradukos vian diron al Pedro."

Sen plu rigardi la paperaĉojn li redonis ilin, kaj kun larĝa kliniĝo permesis enveturi Francujon. Nur la postan tagon en la malfrua posttagmezo ni atingis la regionon de la multnombraj kastelaj ruinoj. Se mi bone memoras, estis la regiono de la iamaj maŭroj. Multe da tempo ni perdis, ĉar Pedro nepre volis vidi ĉiujn kastelruinojn kaj prefere ankoraŭ grimpi sur ilin. Mi serĉis bone rekoneblan lokon kaj trovis iun ĉe ponto, tunelo kaj iama hotelo, kies nomon ne eblis deĉifri. Apud la hotelo staris telefonkabino, espereble la aparato funkcias.[61]

____

61 Tiu loko nomiĝas *Ripaud* [*ripó*]. -vl

"Halo, Vilhelmo, mi vane serĉas vian vilaĝon; nun ni staras sur parkejo de iama hotelo, apude troviĝas telefonejeto, kaj mi vidas ankaŭ tunelon kaj tute proksime ponton."

"Jes bone, restu tie, mi scias kie vi estas, restu tie. Post dudek minutoj mi estos ĉe vi."

Kvazaŭ ni nin delonge konus, ni por la unua fojo brakumis.

De mia aventura rondvojaĝo en Kubo mi verkis detalan raporton en pluraj ekzempleroj. Kiam kaj kiel li eksciis pri mia aventuro, mi ne scias. Mi scias nur, ke li demandis al mi ĉu tiu virino akceptus fari por li la saman rondvojaĝon en Kubo. Mi respondis ke ŝi decidos pri tio kaj ne mi. Mi do tuj pludonis la datumojn de Majra. Ŝi akceptis kaj tiu vojaĝo funde ŝanĝis lian vivon.[62]

"Sekvu min, la vino atendas nin."

En la serpentumaj vojoj li kiel Formulo-1-piloto kun fajfantaj pneŭmatikoj rapidege forflugis. Mi sekvis, sed delonge ne plu vidis lin. Ĉe T-vojkruciĝo, kion elekti? Mi

---

62 Tiel en la memoro de Eddy. En la realo, en tiu momento de nia unua renkontiĝo (Aŭgusto de 1997), mi estis ĵus reveninta el rondvojaĝo tra Kubo kun Majra, kiun mi renkontis dum la *Konferenco pri scienca kaj teĥnika aplikado de Esperanto,* en Havano (en Marto de 1997), kaj kiu tiam rakontis al mi pri la rondvojaĝo de 1996 kun Eddy kaj pruntis al mi ekz-eron de la supre menciita raporto de Eddy. Tiam Majra kaj mi interkonsentis pri nia preskaŭ tuj sekvanta rondvojaĝo (Majo kaj Junio de 1997). En ĉiuj lokoj ni loĝis, same kiel Eddy jaron antaŭe, ne en hoteloj, sed ĉe familioj, kiuj parolis Esperanton. -vl

flankenmetis la aŭtomobilon kaj atendis. Mi tute ne scias, kiam li konstatis la perdon, kaj denove ni atendis almenaŭ 15 minutojn antaŭ ol revidi lin. Li eĉ ne forlasis la veturilon kaj mansvinge petis sekvi. Li komprenis la eraron, kvankam la nuna rapideco petis mian tutan atenton por sekvi. Ie meze de nenie troviĝis lia loĝejo. Ĝi estis iama ŝafejo, kiun li ege hejmece rekonstruigis. La vino estis bonega kaj kune kun buterpano ni plenigis la truon en niaj stomakoj.

* * *

Mi frue vekiĝis kaj decidis mem servi al mi la maten-manĝon. Poste, mi eliris promeni por iom ekkoni la ĉirkaŭaĵon. Vilhelmo aperis nur iom antaŭ tagmezo.

"Jes, kara, mi multege legas kaj tradukas librojn en Esperanton. Iam mi intencas eldoni tiujn verkojn, sed nun ne havas la rimedojn."

"Mi envias vin pro via loĝejo, ankaŭ mi ŝatus vivi en kampara, izolita loko."

"Mi donas al vi la okazon sperti tion. Mi intencas baldaŭ denove flugi al Kubo, ĉar tie mi trovis belulinon, kiu ege interesas min. Ŝi loĝas en Pedro Betancourt, vi certe konas, ĉu? Dum mia foresto mi serĉas iun kiu pretas gardi la domon tri aŭ kvar semajnojn."

"Mi certe volas, kaj parolos pri tio kun la edzino. Eble ŝi pretas akompani min. – Ĉu vi konsentas ke mi kuiru?"

"Bona ideo. Pedro, venu, ni iru butikumi en apuda vilaĝo, ĉar ĉi tie en Embres-et-Castelmaure neniu butiko troviĝas. Nur la vinon mi ricevas senpage, ĉar mi estas ano de vinfara kooperativo kaj liveras vinberojn; malmultajn, sed bonkvalitajn."

"La esperantisto Petro venos preni vin kaj organizas la rondvojaĝon en Francujo. Ili fine liveros vin en Belgujo ĉe Eddy. Do preparu vin, li venos ĉirkaŭ la 5-a posttagmeze."

"Bonege. Ju pli da homoj mi ekkonos, des pli bone."

Regule mi havis la okazon gardi la domon de Vilhelmo, ĉar li pli kaj pli regule flugis al sia belulino kaj eĉ intencis transloĝiĝi al Kubo, ĉar ŝi pretis kune vivi kun li. Ekde 1998 li loĝis parte en *Pedro Betancourt*, kaj parte en Francujo. Unue ĉe la gepatroj de Maria-Julia, poste tie li aĉetis belan domon en kiu mi ofte havis la plezuron gasti. Por mi, ĉefe la ĝardeno estis eta tropika paradizo. Pluraj fruktarboj regule produktis belajn fruktojn. Neniam mi vidis tiom grandajn sukoriĉajn mangojn kaj avokadojn.

Vilhelmo rakontis:

"Mi unue vojaĝis al Kubo, kun rondvojaĝado kun Majra, en 1997, kaj somerfine ni (Eddy kaj Vilhelmo) por la unua fojo renkontiĝis en Fonto Gazela.

Ekde 1998 mi pasigis la vintran duonon de la jaro en Kubo kaj la someran en Eŭropo (ĉefe Francujo), dum kiu Maria-Julia vizitis min dum tri monatoj.

En Januaro 1999 ni ekloĝis en propra domo (la unua, malgranda, sed ĉarma) en Pedro Betancourt, kie vi vizitis nin. En 2001 mi akiris la grandan domon en Pedro Betancourt.

En Aŭgusto de 2012 mi aĉetis nian domon en Havano, kie mi dum unu jaro loĝis kaj organizadis la laborojn de riparado kaj de alikonstruado dum ĉiu semajnfino.

Ekde 2013 ni ĉiuj kvar loĝas en Havano.

Nia geedziĝo okazis en tri ŝtupoj:

1. en la edziĝpalaco de Matanso, estis la 2008-09-08,

2. la afrikkuba ceremonio en Pedro Betancourt: 2008-09-19

3. la festo kun la vilaĝanoj en Pedro Betancourt 2008-09-21"

Familianino aŭ familia amikino de Maria-Julia kiu koloras la geedziĝan feston.[63]

Bedaŭrinde pro la malfacila, multekosta interreta konekto en Pedro Betancourt, Vilhelmo decidis transloĝiĝi al Havano. Nun mi havis du adresojn, kie mi ĉiam estis bonvena, ĉar ankaŭ André el Turnhout, kiu feriis en Sud-Afriko, tie renkontis viglan kubaninon, edziĝis kaj ekloĝis en Cojímar [*kohímar*], kvartalo de Havano. Mi bone memoras, ke dum la periodo, en kiu Vilhelmo loĝis en *Pedro Betancourt*, dum babilado li lanĉis la ideon de asocio funkcianta nur rete, MAS (Monda Asembleo Socia). Mi iom kontraŭstaris, ĉar laŭ mi tro multe da homoj ankoraŭ ne havis la lukson, ne nur

---

63 *Noema*, amikino de la familio, ŝi regule vizitis nin. -vl

de komputilo, sed ĉefe de interreto. Li prave argumentis, ke tio rapide evoluos kaj ke verŝajne apud la klasika komputilo ni senprobleme sendos mesaĝojn pere de nia poŝtelefono. Mi diris nenion, sed fortege dubis pri lia teorio. Ho! Ne dubu, mi estis la stultulo. Tamen mi tuj akceptis kunlabori kaj akceptis la taskon de kasisto. En la komenco tio estis ege facila laboro, ĉar aliĝo al MAS estas senpaga.[64]

Nur kelkajn jarojn poste kreiĝis MAS-eldonoj, aparta sekcio de MAS. Pro financaj kialoj ĝi estis aparta sekcio. Vilhelmo, kaj nur li, investis konsiderindan kapitalon en ĝi. Ni ne celis profiton, sed monon MAS-eldonoj ja bezonis. La celo estis per la profito pagi la elspezojn por novaj libroj.[65] Multaj esperantistoj havas bonajn tekstojn por eldoni, sed nek konas la vojojn, nek scias kiel provizi la diversajn vendejojn. Intertempe MAS estis akceptita fakorganizaĵo de UEA. Mi plezure daŭre okupiĝis pri la tasko, kvankam, ekde kiam ni presigas la librojn ĉe angla presejo, mia laboro malkreskis 90-elcente. Tiu presejo rekte mem sendas la librojn al la diversaj adresoj, kiujn ni donas. Sed la presejo kiel filio de usona firmao, pro la blokado al Kubo, ne rajtas sendi ion ajn al Vilhelmo, do ili sendas la librojn al mi.

---

64 Intertempe MAS fariĝis asocio de Esperanto-verkistoj kaj tradukistoj, kiu aperigas iliajn verkojn. -vl

65 En la unuaj jaroj tio estis aparte multekosta, ĉar ĉe nia germana presejo (cifereca) ni devis presigi kaj pagi almenaŭ 50 ekz-erojn, pagi ilian transporton al Kubo kaj poste de Kubo al la diversaj libroservoj en Esperantujo. Tio profunde ŝanĝiĝis, ekde kiam ni presigas la librojn ĉe moderna sistemo de presado kaj distribuado en Anglujo kaj -- post la briteliro kaj la sekvaj altaj doganaĵoj por libroj senditaj de la presejo en la Eŭropan Union – ankaŭ en la EU. -vl

Regule mi plusendas la librojn en speciala poŝtsako al Vilhelmo.

Ĉu ni neniam kverelis? Kompreneble jes, eĉ kelkfoje mi forlasis la laborĉambron dum mi klakege batfermis la pordon. Ĉu tio gravis? Tute ne, ni estas amikoj, ĉar kelkajn minutojn poste mi apenaŭ memoris kial mi tiel furioze reagis. Pli ol nur unu fojon ni kune, per lia aŭtomobilo, traveturis la tutan insulon.

Nun mi rigardas tra mia malsanuleja fenestro kaj revas iam denove viziti la amikojn en tiu belega lando.

* * *

Dum vizito ĉe Roberto li fiere montris sian novnaskitan filineton. Ŝi naskiĝis nur antaŭ kelkaj tagoj, la 16-an de Oktobro 1999.

"Ŝi nomiĝas Sonja-Maria; bele ĉu? Ni fine havas nian kordeziron".

Samtempe li donis la etulinon al mi. Mi sidis en lulseĝo, metis la suĉinfanon sur la sinon kaj kviete balancigis la seĝon. La infaneto – kiu ploris – tuj silentis, fermis la okulojn kaj ekdormis.

"Ŝi certe sentas sin komforta ĉe vi. Ĉu vi ne estus bona baptopatro? Kion vi pensas pri tio?"

"Pri tio mi ne pensis. Ĉu vi vere deziras, ke mi akceptu la baptopatrecon? … Por kiam vi planis la bapton? Mi ne povas resti ĉi tie. Sed, se tio ne renversas mian programon, mi povus reveni."

"Mi planis tion por la dua sabato ekde nun".

Mi rapide konsultis mian agendon, kaj jes, tio eblis, se mi iom ŝanĝus la sinsekvon de mia vojaĝo.

Tiun sabaton mi preparis min por la ceremonio kaj konstatis, ke mi ne havis decajn vestaĵojn por okazaĵo kiel tiu ĉi. La panjo de Roberto, kie mi loĝis, flaris la problemon kaj proponis uzi la plej belajn vestaĵojn de la frato de Roberto. Ankaŭ li estis kuracisto kaj per speciala regularo sukcesis elmigri kun la edzino al Usono. La mezuroj estis perfektaj; ekde longa tempo mi ne plu nodis kravaton ĉirkaŭ la kolo.

Surprizo: la unua bapto okazis ĉe la najbarino, kiu estis santeria pastrino. Tie mi, kaj ne la baptopanjo, devis porti la infanon. La familianoj ne rajtis ĉeesti. Kune kun helpantino, kiu kvazaŭ klakilo gurdadis strangajn preĝojn dum la pastrino kun akvoplena plado trempis verdan branĉeton en la akvon kaj benis la etulinon per tio. Dum ŝi spruĉis, mi konstante devis diri: "Jesuo Kristo, Jesuo Kristo".[66] Pro la akvumo, la infano, kiu dormis, fariĝis tute malseka kaj ekploris. La pastrino forpelis la anksian patrinon, kiu de

---

66 Laŭta kriado de "Jesuo Kristo, Jesuo Kristo …" estas rito daŭre flegata el la sklava tempo, por ŝajnigi al eksteraj kristanoj – la tiamaj sklavistoj –, ke temas pri kulto kristana.

malantaŭ angulo volis veni por konsoli la etulinon. La tuta ceremonio daŭris iom pli ol 40 minutojn.

La postan tagon, dimanĉe, la tuta familio procesie, la bebo en miaj brakoj, direktiĝis al la romkatolika preĝejo. Tie la bapto okazis laŭ la katolikaj ritoj. La pastro bone sciis, ke la bebo jam baptiĝis laŭ la kutima santeria rito, sed pri tio neniam farus rimarkojn, ĉar la kredantoj certe ne akceptus kritikon.

Unu el la grandegaj festoj kutime okazas, kiam filino fariĝas 15-jaraĝa. En tiu periodo Roberto laboris eksterlande. La registaro sendis lin dum du jaroj al amika sudamerika lando.

Sonja-Maria intertempe atingis sian 15-an naskiĝtagon; estis la momento anstataŭi Roberton. Ŝi daŭre estis la diablino kiun mi konis, sprita kaj lerta. Ŝi intencis sekvi la ekzemplon de la paĉjo, ĉar ŝi volis fariĝi kuracistino.

La daton mi ne plu bone memoras, sed alvenante en Havano mi tuj taksie veturis al André. Tie Vilhelmo telefonis min kaj petis alporti, kiam mi venos al *Pedro Betancourt*, kelkajn komponantojn por lia komputilo. Li donis la adreson en Havano, kie akireblis la necesaĵoj. Por busi al la adreso, mi atendis ĉe la haltejo en la centro de Havano. Ankaŭ multaj aliaj homoj atendis por la sama aŭtobuso. Por koni mian vicolokon mi laŭte kriis "*ultimo!*"[67]. Imagu, kiam la aŭtobuso malfermis la antaŭan pordon, senorde pluraj homoj forte puŝis la atendantojn enen. Mi tordis min inter la amaso ĝis la malantaŭa pordo. Tiam mi vidis viron kiu en la kontraŭa direkto forlasis la buson. Dum la buso jam forveturis, mi fulmrapide palpe kontrolis la lokon de mia monujo. Diable, ĝi malaperis! Merdo! Merdo! Normale mi ne kunportis multe da mono, sed nun mi bezonis monon por aĉeti la ilojn por la komputilo de Vilhelmo. Do mi kunportis krom iom da moneroj ankaŭ 150 CUC.

Dum la sama vizito al Kubo, en Santiago de Kubo, mi vicis por aĉeti trinkaĵon ĉe stratobudo. Kaj ĉar mi ne plu havis monerojn, mi tenis bileton de 20 CUC inter la dikfingro kaj la montra fingro. Apud mi vicis longa junulo kun bunta kufo sur la kapo. Li afable rigardis min ne dirante vorton, kviete prenis la bileton de inter miaj fingroj, tenis la bileton ĉieldirekten, kvazaŭ por kontroli la aŭtentecon. Li denove rigardis min, diris "dankon" kaj forkuris. Unue mi

---

67 La kuba kutimo ĉe la haltejoj, por koni vian lokon en la vico de la atendantoj, oni laŭtvoĉe diras "*ultimo*" (kiu estas la lasta?) tiam vi scias, post kiu vi estos alŝovata por eniri kviete la verturilon.

iom konsternite postrigardis lin, ne moviĝante, kaj tiam mi eksplodis en ridego pro mia stultaĵo.

Denove dum la sama vizito al Kubo, mi busis pere de *Viazul* de Santiago de Kubo al Havano. Nokte ĉirkaŭ la 2-a, forlasante la haltejan konstruaĵon, mi ne vidis mian amikon André. Ĉar mi serĉe rondrigardis, sinjoro venis al mi kaj alparolis min:

"Ĉu vi estas sinjoro Edvardo?"

Mi jesis.

"La aŭtomobilo de via amiko paneas; vi do taksie devas veturi al Cojimar."

Mi interkonsentis prezon kun la unua taksio en la vico. Kaj post 20 minutoj ni haltis ĉe la domo de André. La ŝoforo afable helpis meti la pakaĵojn en la salonon. Ĉirkaŭ la 3-a nokte, lacega, sen malvesti min, mi falis sur la liton kaj tuj ekdormis. Jam je la 7-a matene, André vekis min:

"Rapidu, Edvardo, okazis io aĉa."

Kiam mi alvenis en la salonon, André, kulpigante sin, diris ke li forgesis funkciigi la alarmon. Mia kompleta pakaĵo kun eĉ la manpakaĵo ŝteliĝis. Restis en mia dekstra pantalonpoŝo nur mia internacia pasporto kaj la vizo. Ĉe la policejo ili unue dum du horoj diris nenion kaj fine diris, ke mi reiru al André kaj ke la policistoj mem venos por esplori. Mi ricevis nur mane skribitan atestilon pri la rabo, sed kun la necesaj stampoj kaj subskriboj. André kondukis min al oficejo de la flugkompanio *Martinair* en Havano. Tie mi trovis oficistinon, kiu klare ne havis emon labori. Necesis insistadi, mi bezonis fakson de la agentejo de Belgujo, kiu atestu, ke mi pagis la bileton.

Intertempe en mia lando jam estis la 8-a vespere kaj la oficejoj estis delonge fermitaj. Mi sukcesis atingi mian filinon Micke kaj petis ŝin telefonvoki la agentejan oficejon. Pli ol mirakle ŝi trovis helpeman oficiston. Li promesis tuj sendi fakson al la flughaveno kaj ankaŭ al la sinjorino Elizelia Díaz de ICAP, kun kiu mi bone kunlaboris.

"Ho ne, Eduardo, ne vi! Kiaj impertinentuloj faras tion! Mi tuj faras la neceson por ke vi rehavu biletojn."

Duonhoron poste ŝi jam revokis:

"Iru al la budo de *Martinair*. Tie ili redonos al vi du biletojn: unuan de Havano al Madrido kaj la duan de Madrido al Bruselo. La fakso alvenis, iru du horojn pli frue al la flughaveno kaj prezentu vin ĉe la budo de Martinair. Vi pagos 30 eŭrojn por la administrado."

"Dankegon pro via helpo."

"Ne dankinde, mi feliĉas ke mi fine ankaŭ povis fari ion por vi."

Ĉe la *Martinair*-budo ili sciis nenion. Denove mi rakontis la historion, la sinjoro malinteresite levis la ŝultrojn kaj foriris. Nekonata pasaĝero flustris, ke la ĉefoficejo estas malantaŭ la budo. Tie sidis malafabla oficistino.

"Kion vi volas? Ĉi tie ne estas preĝejo kie oni en- kaj el-iras kiam oni volas."

Kvazaŭ mi ne aŭdus tion, mi rakontis la tutan historion kaj aldonis, ke ŝi certe povas retrovi tion en sia komputilo. Kolere ŝi respondis, ke ŝi ne rajtas konsulti tiun parton."

"Vi volas diri, ke vi ne volas", mi kriis.

Ŝi ankoraŭ pli kaj pli kriis kaj diris ke ŝi ja povas vendi novajn biletojn, sed ke ŝi ne havas informojn pri mia afero kaj se mi volas flugi al Bruselo, mi pagu 840 eŭrojn.

"Ĉu fine vi pagos aŭ ne?!

"Impertinentulino, vi volas trompi min."

Kolere ŝi prenis la klavaron kaj fortege ĵetis ĝin sur la tablon. La klavoj flugis tra la tuta oficejo. Mi ne plu povis engluti mian ridegon. Pro la brua tumulto, la ĉefo envenis kaj afable demandis pri la kvereloj. Mi denove rakontis de A ĝis Z kio ĝis nun okazis.

"Prenu la alian komputilon kaj bone serĉu".

Ŝi denove trarigardis la tekstojn kaj jes! Mi vidis aperi mian nomon, kaj vidis ankaŭ, ke ŝi rapide forigis tion en la rubujon. Mi emis doni al ŝi baton sed anstataŭe kriegis: "Putino! Merde de putino, malhonestulino!"

Feliĉe la ĉefo revenis kaj mi rakontis kion ŝi faris. Li forpuŝis ŝin kaj el la rubujo remetis la informojn sur la ekranon. Li ordonis ŝin prepari la dokumenton, pere de kiu mi ricevos la flugbiletojn. La ĉefo mem senkulpigis sin pro la netolerebla sinteno de la oficistino. Mi pagis la 30 CUC kaj fine ĉe la budo ricevis la kunmetitajn biletojn kaj apartan slipon por la flugo al Madrido. Malantaŭ la pordo mi aŭdis nur la voĉon de la ĉefo. Ĉe la manpakaĵa kontrolo mi prezentis nur plastan sakon, en ĝi malpuraj vestaĵoj kaj kesteto de altkvalitaj kubaj cigaroj.

"Montru la kvitancon de la aĉeto".

"Mi ne havas, estas donaco de amiko".

"Sekvu min!"

Kun plumbo en la ŝuoj mi sekvis la kontroliston, pere de labirinto de salonoj kaj koridoroj li metis min ĉe la fino de homvico. Unu post la alia ni devis preterpasi ĉe, laŭ la arĝentaj ornamaĵoj sur la unuformo, grava suboficiro. Senpove, mi staris tie atendante mian vicon. Subita nekontrolebla kolerego kaptis min. La plastan sakon mi ĵetis antaŭ la nazon de la suboficiro kaj en mia propra dialekto, mi kriis:

"*Hier, fret uw sigaren op, smeerlap.*" (Formanĝu viajn cigarojn, aĉulo).

"Nun donu mian karton por eniri la aviadilon."

Mi volis forlasi la lokon, sed gardisto malebligis tion. Li prenis min per la kolo kaj perforte metis min antaŭ la suboficiro. Tiu ĉi ege trankvile diris:

"Sidiĝu; kio okazas?"

Ha! Tiu sinjoro ŝajnis alparolebla. Mi prenis la polican dokumenton kaj montris ĝin. "Rakontu", li diris. Post profunda spiro mi denove mastris la nervojn kaj detale rakontis ĉion. Li remetis la aĵojn en la plastan sakon kaj deziris al mi bonan vojaĝon. Feliĉe la gardisto akompanis min, ĉar tutcerte mi ne retrovus la vojon. Intertempe laŭt-parolilo anoncis, ke oni eniru la aviadilon. Mi intencis preni la bileton por Madrido kaj, dek mil miliardoj! Mi ne trovis ĝin. Do rapide mi denove sekvis la itineron kiun mi intertempe jam konis, de la bufedo-salono al la suboficiro kaj revene ĝis la unua kontrolisto. Nenie mi trovis mian enirbileton. La unua kontrolisto, kiu vidis min serĉi, venis ĉe mi.

"Kion vi serĉas?"

"Nu, mian bileton por eniri la aviadilon."

"Ĝi troviĝas en via sako."

Li tiris la sakon el miaj manoj, kaj simple malplenigis ĝin sur la planko; ne aperis la karto. Mi surgenuis por kunŝovi mian etan posedaĵon kaj jes! Sub breto mi vidis la juvelon, prenis ĝin kaj kuris al la elirejo por eniri la aviadilon. Nur tiam mi kontrolis la karton. Kio estas tio! Mi bone sciis, ke mi havis la lokon D 4 kaj la karto menciis B 56, eĉ la nomon! Ne estis mi, estis fremda nomo. Kion fari? Ĉu silenti kaj kviete flugi al Madrido? Sed tiam iu alia restos en Kubo. Mi vokis la ĉefinon de la personaro kaj mallonge klarigis la situacion.

"Vi diras ke via loko estas D4, do instalu vin tie. Donu al mi la karton, mi faros la neceson."

Kelkajn minutojn poste la ĉefino revenis kaj diris, ke la sinjoro dankas vin, kaj foriris. Mi forte fermis la pugnon kaj mi min demandis, kial ni ankoraŭ ne foriris. Tiam tri fortuloj envenis kaj rekte direktiĝis al mi.

"Sinjoro, montru vian karton de la flugo."

"Mi ne havas, ĉar mi perdis ĝin."

"Sekvu nin!"

"Nenia haro sur mia kapo eĉ konsideras sekvi vin! Mi estas en hispana aviadilo, ĉi tie estas hispana teritorio, lasu min! Lasu min!"

Feliĉe la ĉefino, pro la bruo, rapide venis.

"Sinjoroj, je mia respondeco, lasu lin. Tiu ĉi sinjoro estas honestulo kaj mi malpermesas kunpreni lin. Ĉi tie mi estas la ĉefo kaj ordonas tuj forlasi la aviadilon; ni perdis sufiĉe da tempo."

Ne dirante vorton, ili foriris kaj servistino fermis la pordon. Mi falis en mian seĝon kaj ploris, ploregis. Ĉu Murphy[68] vere ekzistas?

____

68 Murphy: aludo al "La leĝo de Murphy", vivsaĝaĵo, kiu esprimas simple: "Se io povas misiri, tio misiros", de la usona inĝeniero Edward A. MURPHY, jr.

Dum agrabla kunveno kun amikoj, mi rakontis la aĉan historion. Virino demandis, ĉu mi kuraĝus reiri al tiu rabema lando?

"Ĉu vi pensas ke tio ne okazas ĉi tie? Eĉ pli perforte, pensu nur pri la regulaj perfortaj dompriraboj. Ĝenerale en Kubo ili agas rapide aŭ ege lerte, sed ĝis nun mi ne konis ekzemplon de perforta atako. Kompreneble ankaŭ tio estas ŝteli, sed kontraŭ tio, oni povas sin armi.

Postparolo

Paĉjo, Diĉjo, … tra via lasta fenestro ni kunrigardas …

Malgraŭ la espero de la lastaj monatoj, la malcerteco denove superregas. Je Mardo, la 10-a de Novembro, apenaŭ semajno antaŭ via 84-a naskiĝtago, denove vi estas enhospitaligita por la kvina operacio en nur kelkaj monataj. Ĉio ĉi por repreni la fadenon kaj por la planoj, kiujn vi volas ankoraŭ realigi.

Sed tiam venas, vi povas nomi tion superstiĉo, je Vendredo la 13-a, la kruda realo … La kancero evidentiĝas pli agresema ol iam, dissemiĝinta, nekuracebla.

Pro la kovid-reguloj vizito ne estas permesata. Vi devas digesti tiun ĉi novaĵon tute sola kaj ankaŭ ni devas akcepti tion, sen la ebleco esti kunaj. Via scenaro povas eki, ĉar malgraŭ la batalo, vi estis preparita eĉ por ĉi tio.

La unuaj tagoj estas vere krizaj, ĉar kompleta obstrukco kaŭzas memtoksiĝon kaj neniu certas, ĉu vi ankoraŭ vivos ĝis la semajnfino.

Neceso rompas la leĝon kaj danke al la fleksiĝemo de la flegistaro kaj kuracistoj, troveblis eta malantaŭa pordeto en la tuta kovida afero. Pro via kriza stato ni, panjo kaj viaj ses infanoj, tamen ricevas la permeson viziti vin, kvankam sub tre striktaj kondiĉoj.

Kune kun vi ni rigardas tra tiu ĉi nova fenestro, kie la turetoj de Antverpeno estas anstataŭitaj de la malantaŭaj ĝardenoj de Mortsel. En preskaŭ malhumana kaj tamen tiel bela, serena maniero viaj boinfanoj kaj genepoj vizitas vin, unu post la alia, laŭvice, ĉiutage akurate. Nepoj kiuj mem venas por siaj naskiĝtagaj gratuloj, nepinoj kiuj post la laboro en la ĉirkaŭaĵo rapide venas por momento, malnovaj rakontoj pri pometoj kun koretoj revenas, … Vi per via portebla telefono preta por tamen povi ankoraŭ paroli kun ili, eĉ se iliaj konataj voĉoj sonas iom deformitaj. Kostas ofte via lasta energio por eksidi rekte por povi ilin vidi. Vi volas mem decidi kiamaniere viaj gefiloj kaj genepoj memoros sian patron kaj avon, eĉ dum alproksimiĝas via fino. Vi tenas vin forta, volas doni bonan senton al la infanoj, sed interne vi mortas ĉiam iomete pli. Kelkajn horojn antaŭ via naskiĝtago vi ankoraŭ diras al la flegistaro: "Uf, 84, mi atingos ĝin!…"

Via vivo denove pasas antaŭ vi, la rakontoj jam notitaj aŭ rakontitaj. Vi akceptos vian sorton, sed ne jam. La sola, kion vi petas, estas pli da tempo.

Tempo por iri hejmen por vere adiaŭi.

Tempo por certiĝi ke via libro estos finfarita.

Tempo por prepariĝi por tio, kio venos.

Vi volas, kiel ĉiam, mem decidi kie, kiam kaj kiel.

Danke al via granda volforto, via plano sukcesas. Vi ricevas iom pli da tempo, ne multe, sed ĝuste sufiĉe por fini certajn ĉapitrojn.

Ankoraŭ dek tagojn en la sino de via hejmo vi laboros pri via libro, akceptos amikojn kaj familianojn kaj digne adiaŭos.

Por tiam ekiri en via maniero, kiam vi estas preta por tio, pace kaj dankeme.

Fine trovinta ripozon post longa vojaĝo.

Karmemore al

Eddy RAATS

1936-11-17 – 2020-12-12

Libroj de MAS menciitaj en la teksto

Libroj de Eddy Raats
vicigitaj laŭ la numeroj de MAS-libroj

- **137 Eddy Raats: Rakontetoj**.[Embres-et-Castelmaure], Monda Asembleo Socia (MAS), 2015, 40 paĝoj, ISBN 978-2-36960-037-4.

- **138 Eddy Raats: De lange reis & Van de regen in de drop**. Vrij vertaald uit het Esperanto door de auteur zelf. Vertaald van de originele werken en twee delen: 1. Eddy Raats: La longa vojaĝo [MAS-libro n-ro 271]; 2. Eddy Raats: Post la pluvo – pluvego [MAS-libro n-ro 272]; voorblad: Evelyn Desmedt. [Embres-et-Castelmaure], Monda Asembleo Socia (MAS), 2016, 282 paĝoj, ISBN 978-2-36960-038-1.

- **139 Eddy Raats: La sagaa vojo de la aŭstria Ocvalo (*Ötztal*).** Esperantigis el la nederlanda kaj prilaboris: Eddy Raats. Kolektis la bazojn de la sagaoj: Robert Bäuchl, loka montĉiĉerono; La skulptistoj:Annemarie kaj Günter Fahrner. Nederlandigis el la germana la informojn de sinjoro Robert Bäuchl: Jeannine Van Thielen. Kontrollegis la Esperantan version: Ionel Oneţ kaj Vilhelmo Lutermano. Fotoj: Eddy Raats. Kun koloraj bildoj. Embres-et-Castelmaure, Monda Asembleo Socia (MAS), 2015, 114 paĝoj, ISBN 978-2-36960-040-4.

- **212 Eddy Raats: I La vivo de orkestromuzikisto; II La arĉinstrumentoj.** Embres-et-Castelmaure, Monda Asembleo Socia (MAS), 2-a, korektita eld., 60 paĝoj, 2019, ISBN 978-2-36960-154-8.

- **235 Eddy Raats: The Long Journey. A Young Child's Experiences.** Translatedfrom the original Esperanto by Dr. Ian Richmond, Ph.D., Certificat en traduction. Embres-et-Castelmaure, Monda Asembleo Socia (MAS), 2019, 128 pages, ISBN 978-2-36960-205-7 (epub 978-2-36960-206-4) [la anglalingva versio de MAS-libro 271].

- **237 Eddy Raats: From the Frying Pan … A Young Boy's Experiences.** Translated from the original Esperanto by Dr. Ian Richmond, Ph.D., Certificat en traducton. Cover: Evelyn Desmet. Embres-et-Castelmaure, Monda Asembleo Socia (MAS), 142 pages, 978-2-36960-209-5[la anglalingva versio de MAS-libro 272]

- **238 Ouida: La flandra hundo – Nelo kaj Patraco.** El la angla tradukis Eddy Raats. Embtes-et-Castelmaure. Kovrilo de Evelyn Desmet (https://desmetarts. com). Monda Asembleo Socia (MAS), 72 paĝoj, ISBN 978-2-36960-211-8

- **269 Eddy Raats: La fenestro.** Embres-et-Castelmaure, Monda Asembleo Socia (MAS), 2021. 232 paĝoj, ISBN 978-2-36960-282-8 (epub 978-2-36960-183-5) *[tiu ĉi libro]*.

- **270 E**ddy **Raats:** *Het raam.* [Nederlandlingva eld. de *La fenestro*, aperonta fine de 2921], Embres-et-Castelmaure, Monda Asembleo Socia (MAS), ISBN 978-2-36960-284-2 (epub 978-2-36960-285-9)

- **271 Eddy Raats: La longa vojaĝo. Travivaĵoj de etulo.** Embres-et-Castelmaure, Monda Asembleo

Socia (MAS), 3-a eld., ISBN 978-2-36960-286-6 (epub 978-2-36960-297-3)

- **272 Eddy Raats: Post la pluvo, pluvego. Travivaĵoj de junulo.** Embres-et-Castelmaure, Monda Asembleo Socia (MAS), 2-a eld., ISBN 978-2-36960-288-0 (epub 978-2-36960-289-7)

- **274 Eddy Raats: Pasio, defio, amikeco. Spertoj de montgrimpulo.** Embres-et-Castelmaure, Monda Asembleo Socia (MAS), 2-a eld., 102 paĝoj, ISBN 978-2-36960-292-7 (epub 978-2-36960-293-4)

Aliaj libroj menciitaj en tiu ĉi libro

- **4 Div.: Kubaj infanrakontoj.** Trad. de Jozefo de Jesús Campos Pacheco, kun ilustraĵoj de Danny Daniel Pereyra. 120 paĝoj, Monda Asembleo Socia (MAS), 2007, ISBN: 978-2-818300-4-0.

- **15 Dania Rodríguez García: Ni interŝanĝu; La nova leterportistino; Du kaj la fantazio. Tri infanteatraĵoj.** Elhispanigitaj de Jozefo de Jesús Campos Pacheco kaj Vilhelmo Lutermano. 112 paĝoj. Monda Asembleo Socia (MAS), 2009. ISBN 978-2-918300-04-5.

- **123 Jozefo Paĉeko: Animoj en ludo.** 92 paĝoj. Monda Asembleo Socia (MAS), 2015, ISBN 978-2-36960-024-4.

- **149 Jozefo Paĉeko: Luddancejo aŭ Kie la nokto ne finiĝas. / Bolero S.A. donde la noche no acaba.** Eldono dulingva. 82 paĝoj. Monda Asembleo Socia (MAS), 2016. ISBN: 978-2-36960-053-4.

- **170 Fidel Castro Ruz: La historio absolvos min.** Kun notoj de Eugenio Suárez Pérez. Elhispanigita de la Kuba Esperanto-Asocio (KEA). 2-a, korektita eldono. Embres-et-Castelmaure, Monda Asembleo Socia (MAS), 2016. ISBN 978-2-36960-076-3

- **189 Jozefo Paĉeko: Ne kredu tion (aŭdvida scenaro) / Pa' que nadie te lo cuente. (audiovisual).** Eldono dulingva. 72 paĝoj. Monda Asembleo Socia (MAS). 2017. ISBN 978-2-36960-098-5.

- **203 Jozefo Kampo Paĉeko; : David Alonso Pupo: Legendo pri Linko / La leyenda del Lince.** Eldono dulingva. 60 paĝoj. Monda Asembleo Socia (MAS). 2018. ISBN 978-2-36960-120-3.

- **206 Jozefo Kampo Paĉeko: La nevo de mafio / El sobrino de la mafia.** Eldono dulingva. 70 paĝoj. Monda Asembleo Socia (MAS). 2018. ISBN 978-2-36960-134-0.

Enpaĝigita de MAS sur papergrando de 15,2 · 22,9 cm
per litertiparo *Liberation Serif* 12 punktoj (teksto) kaj 10
punktoj (piednotoj) per *LibreOffice* 7.2.2.2
sub Linukso *Mint* 20.

Presita en la Eŭropa Unio en la jaro 2023

AF345812

9 782369 602828